*How to Live
When a Loved One Dies*

How To Live When A Loved One Dies

Copyright © 2021 by Plum Village Community of Engaged Buddhism, Inc.
All rights reserved. No part of this book may be reproduced by any means,
electronic or mechanical, or by any information storage and retrieval system,
without permission in writing from the Plum Village Community of Engaged
Buddhism, Inc.

Korean Translation Copyright © 2025 by RH Korea Co., Ltd.
Korean edition is published by arrangement with Cecile B Literary Agency
through Imprima Korea Agency.

이 책의 한국어판 저작권은 Imprima Korea Agency를 통한
Cecile B Literary Agency와의 독점계약으로 ㈜알에이치코리아에 있습니다.
저작권법에 의해 한국 내에서 보호를 받는 저작물이므로 무단전재와 무단복제를 금합니다.

상실의 고통을 어루만지는 틱낫한의 치유 수업

마음은 사라지지 않는다

틱낫한 지음
권선아 옮김

하나됨

내가 죽는 순간,

나는 가능한 한 빨리 당신에게 돌아오려고 노력할 것입니다.

오래 걸리지는 않을 거예요, 약속합니다.

내가 매 순간 죽는 것처럼,

이미 당신 곁에 내가 있다는 것이 진실이지 않나요?

나는 매 순간 당신에게 돌아옵니다.

그저 바라보세요,

제 존재를 느껴보세요.

울고 싶다면, 부디 우세요.

그리고 내가 당신과 함께 울 것임을 알아주세요.

당신이 흘리는 눈물은 우리 모두를 치유할 것입니다.

당신의 눈물은 곧 나의 눈물입니다.

이 책을 향한 찬사

틱낫한 스님은 마음으로 가장 존경하는 스승이다. 스님이 살아계실 적, 그분 가까이에서 가르침을 받았다. 온전히 걷는 법, 숨 쉬는 법, 먹는 법, 땅과 나무와 새들을 만나는 법, 깨달음을 전하는 법까지 모든 순간, 모든 눈길, 모든 걸음마다 부드럽고 따뜻한 자비심으로 가득한 분으로 기억한다. 그래서 흠모하는 마음의 깊이만큼 스님의 떠남이 서러웠다. 하지만 모든 것에서 깨달음을 주는 스님답게 나 같은 이를 위로하듯, 모든 이

별을 위해 이 책을 남겼다. 폭풍우로 흔들리는 나뭇가지 끝에 매달린 시선을 단단한 나무 기둥으로 옮기는 것처럼, 마음의 중심을 다잡는 방법들이 이 책에 담겨 있다. 스님의 글은 천지가 무너져 내린 듯한 충격을 받은 사람들의 슬픔을 위로하고 다시 평상으로 돌아오도록 돕는다. 이 책이 절망 속에서도 뿌리를 내리는 자비와 지혜의 씨앗이 되길 바란다.

— 금강스님(중앙승가대학 교수)

사랑하는 사람을 잃고 상실감에 빠진 이와 만나는 죽음 산업의 종사자로서 그리하여 매일 죽음을 향해 다가가고 있음을 자각하며 살아가는 필멸의 인간으로서 책을 읽어가자니, 부질없는 염려는 어느덧 사라지고 마음은 아름답고 온화한 세계, 뜨겁고 그리운 음성으로 충만해진다. 이 책은 죽음과 다투지 않고 사이좋게 살아가는 법, 슬픔과 두려움에서 벗어나 고요함으로 다가가는 법, 내면의 길을 따라서 헤어진 이와 다시 만나는 법을 안내하는 평안의 실습서이다. 틱낫한 스님의 느리고 깊은 시선은 우리를 채근하지 않고 다정하게 진리의 세계로 이끈다. 모든 존재는 작별 없이 영원히 이어져 있기에, 우리는 결국 사랑 말고 아무것도 아니다.

— 김완(특수청소노동자, 『죽은 자의 집 청소』 저자)

마음속에 살리지 못한 사람들의 무덤이 점점 늘어났다. 핏기 없는 얼굴과 차갑게 굳은 손발, 어둠보다 검은 눈동자가 그들의 묘비였고 묘비명은 허무虛無 두 글자였다. 무덤가에서 길을 잃고 헤맬 때 틱낫한 스님의 가르침을 만났다. 파도와 비와 구름처럼 우리는 겉모습만 바꿀 뿐 무한한 생명의 여정을 이어간다는 말씀이었다. 무엇도 사라지지 않았다. 죽지도 태어나지도 않았다. 나는 경계가 없는 생명이며 시간이 시작하기 이전부터 자유로웠음을 깨닫자 내면의 무덤이 무너졌다.

상실의 아픔을 겪고 있는 이들과 더불어 스님의 통찰을 나누고 싶다. 사랑했던 그 사람은 바람이 되고 무지개가 되어 지금 이 순간도 당신과 함께 깊이 호흡하고 있다. 이 책이 그 증거가 되어줄 것이다.

— **백경** (소방관, 『당신이 더 귀하다』 저자)

사랑하는 사람이 세상을 떠나도 늘 우리의 곁에 있다는 말은 정말일까. 이 말은 가끔 나를 견딜 수 없이 화나게 한다. 사랑하는 사람이 세상을 떠나면 그는 더 이상 우리 곁에 없는 것이라고 말해야 정확한 게 아닐까. 나는 몸이라는 건 그저 '몸'일 뿐이라고 생각해 왔다. 몸이란, 온기가 도는 육체가 있어야 하고 내가 만질 수 있어야 하며, 그가 여전히 호흡하는 존재라는 걸 내가 확인할 수 있어야 한다고. 그런 나에게 이 책 속의 여러 문장이 계속해서 조용히, 그러나 단단히 부딪혀 온다. 몸은 몸일 뿐이 아니며, 죽어 사라지는 것이 아니라 그저 다른 것으로 바뀔 뿐이라고. 사랑하는 이의 형상에 갇히지 않는다면, 비탄과 슬픔을 조금은 넘어서게 될 거라고. 나는 이 말을 이해했고, 어느 정도는 믿는다고도 말할 수 있다. 하지만 그 말이 내 삶 속 깊이까지 들어오는 일은 여전히 쉽지 않다. 생각은 고개를 끄덕이지만, 마음은 자주 무너진다. 육체를 가진 인간으로서, 사랑하는 이를 잃는다는 건 감히 표현할 길 없이 깊고 크고 아픈 일이다. 아주 가끔 먼저 세상을 떠난 존재들이 내 곁에 있다는 걸 '느끼는' 순간이 찾아올 때가 있다. 나는 이 책이 그런 순간들을 더 자주, 더 또렷하게 포착하도록 도와줄 수 있기를 기대하고 있다. 그리고 나와 같은 아픔을 가진 이들에게도 이 책이 작은 빛이 되어 주기를 바란다. 슬픔이 사라지지는 않겠지만, 그 슬픔을 껴안을 수 있는 방식이 하나 더 생기기를 소망한다.

— 요조 (뮤지션, 작가)

정신과 의사가 깊은 상실을 겪은 이들을 만나면, 그들의 기억에서 아픔과 죄책감이 옅어질 때까지 함께 있어 주는 것이 최우선이다. 그래야 그들이 살아갈 수 있기 때문이다. 그런 면에서 사랑하는 이를 잃은 모든 이들에게 이 책을 권하고 싶다. 이 책은 이길 수 없을 것 같은 상실의 슬픔을 마주할 수 있을 때까지 마음챙김을 안내하고, 사랑하는 이들은 여전히 우리 안에 살아있음을 상기시킨다. 먼저 떠난 이에게 미안함과 죄책감을 느낄 때면 나의 일부로 남아 있는 그에게 조용히 감사와 사죄의 말을 건네 보자. 슬픔 속에서도 평온과 감사를 느끼게 될 것이다.

— 한창수(고려대학교 정신건강연구소장·교수,
『무기력이 무기력해지도록』 저자)

편집자의 말

이 책에는 슬픔과 상실에 대한 틱낫한 스님의 깊은 통찰이 담겨 있습니다. 또한 패럴랙스 출판사Parallax Press의 편집자들이 엄선한 플럼 빌리지Plum Village 전통의 자기 돌봄 명상과 수행법도 포함되어 있습니다. 이 명상과 수행이 슬픔과 상실의 순간에 위로와 평안, 치유를 가져다주고, 자기 자신, 사랑하는 이들 그리고 모든 생명과 다시 연결될 수 있도록 돕기를 바랍니다.

차례

이 책을 향한 찬사　6
편집자의 말　13

상실의 아픔을 마주하다

자기 돌봄

복식 호흡 26 | 의식적인 호흡 30 | 걷기 명상에서 위안을 찾다 43

강한 감정을 견뎌 내다

자기 돌봄

고통스러운 감정을 품고 다독이다 69 | 쉬기 위해 멈추다 85 | 치유를 위한 앉기 명상 90 | 내 안에 있는 사랑하는 이를 보다 96 | 마음챙김의 종소리에 귀를 기울이다 108 | 사랑하는 이가 세상을 떠났을 때 새롭게 시작하다 119 | 사랑하는 이와 새롭게 시작하기 위해 편지를 쓰다 125 | 자기 자비를 기르다 131

구름은 결코 죽지 않는다

자기 돌봄

회복을 가져오는 깊은 이완 152 | 대지에 접촉하다 168 | 내 안에서, 다른 사람 속에서 사랑하는 이를 바라보다 191

삶과 연결되다

자기 돌봄

사랑하는 이를 위해 제단을 만들다 228 | 사랑하는 이와 함께 걷다 237 | 사랑하는 이를 기리다 251 | 감사의 마음을 가꾸다 262 | 아침의 미소 269

옮긴이의 말　276
참고 도서　278
틱낫한 스님에 대하여　280

상실의 아픔을
마주하다

―

GRIEF

사랑하는 사람은 우리 안에 살아 있고,
우리 또한 그들 안에 존재합니다.
사랑하는 사람이 세상을 떠나면,
우리 안의 한 부분도 죽습니다.

때로는 우리가 겪는 상실이 너무나 커서,
다시는 행복을 발견할 수 없을 것처럼
느껴질 때가 있습니다.

사랑하는 이를 잃으면, 우리의 가슴은 말로 다 할 수 없는
깊은 고통으로 가득 찹니다. 하지만 그 고통을 눈물로
표현할 수 있습니다. 우리는 울 수 있습니다.
울 때, 우리의 마음은 한결 가벼워질 것입니다.
남자도 울 수 있습니다. 누군가가 우는 모습을 보고
나도 울고 싶었던 적이 있습니다. 우는 것은 인간의
자연스러운 본성입니다. 울 수 있다는 것은 우리에게
편안함과 위로 그리고 치유를 선물합니다.

울고 싶다면, 부디 우세요.
그리고 내가 당신과 함께 울 것임을 알아주세요.
당신이 흘리는 눈물이 우리 둘 모두를 치유해 줄 것입니다.
당신의 눈물은 곧 나의 눈물입니다.

어머니가 돌아가신 순간,
나는 발을 구르며 흐느껴 울었네.
그날 아침은 아름다운 장밋빛으로 물들어 있었지만,
자정에는 거센 바람이 몰아쳤네.

폭풍 속의 나무처럼

고통스러운 감정이 올라올 때는, 하던 일을 멈추고 그 감정을 보살펴야 합니다. 지금 내 몸에서 일어나는 일에 주의를 기울이는 것으로 시작합니다. 수행은 단순합니다.

손을 배 위에 올리고 호흡의 움직임을 느낍니다. 머리에서부터 배꼽으로 알아차림을 서서히 가져가고, 나를 괴롭히던 일에 대한 생각을 멈춥니다. 폭풍이 몰아칠 때 나무 꼭대기에 있는 잎과 가지는 거세게 흔들립니다. 나무는 금방이라도 부러질 것처럼 아주 연약하고 위태로워 보입니다. 하지만 나무의 몸통으로 시선을 가져오면, 매우 평온하고 고요한 것을 볼 수 있습니다. 이제 당신은 더 이상 두렵지 않습니다. 왜냐하면 나무가 튼튼하고 견고하며, 흙 속 깊이 뿌리를 내리고 있어 폭풍을 견딜 수 있다는 것을 알게 되었기 때문입니다.

(자기돌봄)   **복식 호흡**

　강한 감정은 폭풍과 같지만, 수행 방법을 알면 폭풍을 견뎌 낼 수 있습니다. 강한 감정의 폭풍에 압도되었을 때, 우리는 무엇이 감정을 일으켰는지 확인하고, 부드럽게 감정에서 자신을 분리해야 합니다. 감정을 불러일으킨 것이 생각, 이미지, 소리, 냄새, 촉감, 혹은 누군가의 말 등 그 무엇이든, 그로부터 잠시 주의를 돌리고, 다시 호흡에 온전히 주의를 기울입니다. 우리에게 고통을 주는 것에 계속 주의를 기울이면 강한 감정은 점점 더 커질 뿐입니다.

그래서 우리는 깊은 복식 호흡을 수행합니다. 서 있든, 앉아 있든, 누워 있든 자신의 호흡을 알아차립니다. 호흡이 빠르고 얕다면 그것을 알아차리고, 목과 가슴에서 배로 주의를 돌립니다. 그리고 배의 올라감과 내려감에 집중합니다.

그 수행은 단순합니다.

숨을 들이쉬며, 나는 배가 올라감을 알아차리네.
숨을 내쉬며, 나는 배가 내려감을 알아차리네.

이렇게 하다 보면 폭풍이 점차 잦아들고, 호흡과 마음이 고요해집니다. 그리고 더 평화로워짐을 느낄 것입니다.

스스로에게
귀를 기울이다

 큰 고통을 겪고 있을 때, 깊은 상실을 경험했을 때, 우리는 그저 곁에 앉아 자비롭게 내 이야기를 들어줄 누군가를 필요로 합니다. 하지만 그것보다 더 중요한 것은 우리가 자비로운 마음으로 스스로에게 귀를 기울일 수 있어야 한다는 것입니다. 이를 위해서 깊이 들어주는 기술을 배워야 합니다. 우리는 하던 일을 멈추고 스스로에게로, 내면의 집으로 돌아갑니다. 자신의 고통을 인식하고 그것에 이름을 붙이기 위해 깊이 바라봅

상실의 아픔을
마주하다

니다. 그리고 그 고통을 부드럽게 품어 줍니다. 자신의 고통에 깊이 귀 기울이는 것이야말로 자기 자비의 행위입니다.

(자기돌봄) **의식적인 호흡**

사랑하는 사람을 잃었을 때, 더구나 그것이 갑작스럽고 예상치 못한 일이라면 마치 발아래 땅이 사라진 것처럼 느낄 수 있습니다. 그것은 숨이 멎을 것 같은 고통으로 다가옵니다.

그럴 때 가장 먼저 해야 할 일은 다시 균형을 찾는 것입니다. 의식적인 호흡 수행은 현재의 순간으로 돌아오고, 다시 몸으로 오는 데 도움이 됩니다.

마구 뛰는 심장 박동과 불규칙한 호흡을 어떻게 진

정시킬 수 있을까요? 사실 그것은 매우 간단합니다. 모든 자각을 호흡으로 되돌리고 오로지 호흡에만 집중합니다. 다른 어떤 생각도 하지 않고, 호흡이 몸 안팎으로 들어오고 나가는 것을 그저 따라가면 됩니다.

※ ※ ※

계속해서 호흡을 따라갑니다. 시원한 공기가 몸으로 들어오는 것을 느끼고 따뜻해진 공기가 나가는 것을 알아차립니다. 숨을 들이쉬고 내쉴 때 몸의 어느 부분이 움직이는지 알아차리고, 특히 배가 올라가고 내려가는 것에 집중합니다.

호흡에 대한 자각을 유지할수록 호흡이 점점 더 가벼워지고, 고요해지며, 평화로워집니다. 서서히 폭풍이 가라앉고 몸과 마음이 차분해집니다.

호흡은 폭풍이 몰아치는 바다 위의 구명보트이자, 몸에 단단히 붙들어 매는 닻입니다. 호흡을 따라가며 몸에서 일어나고 있는 일을 알아차립니다. 배가 일어나고 사라지는 움직임을 느낍니다. 너무 속상할 때는 호흡이 가빠지고 얕아지며, 가슴이 두근거릴 수 있습니다. 그저 몸의 감각에 집중해 봅니다. 몸이 조여드는 느낌, 뻣뻣함, 또는 통증을 알아차리고, 그 부위에 주의를 기울이며 숨을 들이쉬고 긴장을 풀어 주는 것에 온 마음을 기울여 봅니다. 자각이 몸의 감각과 호흡의 흐름에 계속해서 머물게 합니다. 무엇인가를 바꾸거나 억지로 하려고 하지 말고, 그저 지금 이 순간 몸에서 일어나고 있는 것을 알아차립니다. 호흡이 자연스럽게 진정되기 시작하면, 몸과 마음도 서서히 편안함과 고요함을 되찾기 시작합니다.

우리는 어디에서든, 앉아 있든, 걷고 있든, 서 있든, 누워 있든 의식적인 호흡을 수행할 수 있습니다. 그저 호흡을 따라가는 것만으로도 이미 많은 평화와 위안을 얻을 수 있습니다. 호흡은 슬픔이나 절망, 또는 비탄에 압도될 때마다 우리가 돌아가 의지할 수 있는 안온하고 견고한 땅입니다.

호흡에 집중하는 데 도움이 되도록, 들숨과 날숨마다 마음속으로 조용히 아래의 문구와 함께 말할 수 있습니다.

숨을 들이쉬며, 내가 숨을 쉬고 있음을 아네.
숨을 내쉬며, 내가 숨을 내쉬고 있음을 아네.

들이쉼.
내쉼.

처음부터 끝까지 호흡에 집중하고 알아차리며, 들숨과 날숨을 부드럽게 따라갑니다. 억지로 호흡을 조절하거나 바꾸려 하지 말고, 그저 관찰하고 따라갑니다. 마음이 딴 곳으로 흘러가면, 부드럽게 다시 호흡으로 초대합니다. 호흡은 자연스럽게 진정되고, 점점 더 느리고 깊어질 것입니다.

숨을 들이쉬며, 들이쉬는 숨을 끝까지 따라가네.
숨을 내쉬며, 내쉬는 숨을 끝까지 따라가네.

들숨을 따름,
날숨을 따름.

가능한 한 오랫동안 집중을 유지합니다. 호흡에 대한 알아차림은 마음을 몸으로 그리고 현재의 순간으로 되돌려 줍니다. 내 몸을 알아차리고 나에게 몸이 있다는 사실을 기억합니다. 얼굴, 어깨, 횡격막에 남아 있는 긴장을 모두 풀어내면, 몸이 한결 편안해집니다. 이것은 건강을 되찾는 첫걸음입니다.

배에 손을 얹고, 배가 올라가고 내려가는 것을 느껴 봅니다. 이제 호흡을 따라가며 스스로에게 이렇게 말합니다.

숨을 들이쉬며, 내 몸 전체를 알아차리네.
숨을 내쉬며, 내 몸의 모든 근육을 이완시키네.

몸을 알아차림.

몸을 이완함.

숨을 들이쉬며, 내 몸을 진정시키네.
숨을 내쉬며, 미소를 짓네.

진정,
미소.

부드럽게 반쯤 미소를 지으면 얼굴의 모든 근육이 이완됩니다. 고통에 미소 지을 수 있다면, 이미 어느 정도 위안을 느낄 수 있을 것입니다. 미소를 짓기 위해 미소가 떠오를 때까지 기다릴 필요는 없습니다. 때로는 기분이 좋아서 미소를 짓지만, 때로는 미소를 지으면 기분이 좋아지기도 합니다. 신경과학 연구는 이것이 사실임을 증명했습니다. 미소는 우리에게 이렇게 말합니다. "설령 세상이 끝난 것처럼 느껴지더라도, 그것이 진정 세상의 끝은 아니다."

들숨과 날숨마다 짧은 단어를 반복하며 그 단어를 자각하면 미소 짓는 수행을 더 쉽게 할 수 있습니다.

들이쉼, 내쉼.
깊음, 느림.
진정, 편안함.
미소, 내려놓음.

이 단어들과 함께 호흡을 계속합니다. 들숨보다 날숨이 더 길다는 것을 알아차리고, 내쉬는 숨의 끝에서 잠시 멈추는 순간을 음미합니다. 이완하며, 몸의 모든 긴장이 천천히 사라지도록 합니다.

고요히 앉아 있기
어려울 때

호흡으로 돌아가도 강렬한 감정을 진정시키기가 어렵다면, 다른 방도를 찾아야 합니다. 그럴 땐 산책을 하러 밖으로 나가는 것이 도움이 될 수 있습니다.

산책할 때는 마음챙김 속에서 일어나는 우리의 내면과 주변의 모든 변화를 알아차리며 걷는 데 집중합니다. 이렇게 함으로써 내면의 집으로 돌아오고, 현재에 머물며 자연으로 돌아가 의지할 수 있습니다. 걷는 동안, 우리는 과거에 대한 후회와 미래에 대한 걱정을

상실의 아픔을
마주하다

내려놓고 지금 여기에 온전히 머뭅니다. 땅, 하늘, 신선한 공기, 태양이 우리에게 생명의 기운을 불어넣도록 허락합니다. 우리는 걸으며 마음을 쉬게 합니다. 지금 여기에 평화롭게 머물며, 자연이 우리를 치유하도록 맡깁니다.

자유로운 사람으로 걸으세요. 주의를 발로 가져가고, 머릿속에 머물지 않습니다. 발이 땅에 닿는 촉감을 느껴봅니다.

걷기 명상

걷기 명상은 몸과 마음을 하나로 모아주고 평화를 되찾게 합니다. 한 걸음 한 걸음 내딛는 순간마다 마음을 현재로 되돌립니다. 평화롭게, 자유롭고 당당하게 걷습니다. 슬픔과 걱정은 내려놓고, 그것들을 대지에 맡깁니다. 슬픔과 걱정이 다시 떠오르면, 그저 그 감정들을 향해 "안녕"이라고 인사하고, "잘 가"라고 말합니다. 슬픔을 느끼지 않으려고 억지로 애쓰지 않습니다. 그저 그 느낌을 알아차리고 부드럽게 내려놓습니다.

그리고 다시 호흡과 걸음으로 돌아옵니다.

걷기 명상에서, 우리는 호흡과 걸음을 하나로 모읍니다. 숨을 들이쉬며 두세 걸음을 내딛고, 숨을 내쉬며 몇 걸음을 더 내딛습니다. 호흡과 걷기의 리듬이 자연스럽게 어우러지게 합니다. 어떤 리듬이든 내 호흡에 맞추어 조화를 이루게 합니다. 호흡과 걸음이 잘 어우러질 수 있도록 마음속으로 간단한 문구를 읊조릴 수도 있습니다. 숨을 들이쉬며 두세 걸음을 내딛는 순간, "나는 도착했네"라고 말하고, 숨을 내쉬며 걸을 때, "나는 집에 있네"라고 말할 수 있습니다. 매 걸음 우리는 진정으로 도착하고, 진정으로 집에 머뭅니다. 현재에 도착하며 과거나 미래 속에서 자신을 잃지 않습니다. 현재의 순간에 온전히 머물 때, 우리는 안전하고 평화로우며 편안함을 느낍니다. 또는 이렇게 말할 수도 있습니다. "매 걸음마다 나의 근원으로 돌아가네." 우리가 좋아하는 어떤 단어나 문장을 쓸 수도 있습니다.

걷기 명상을 통해, 우리의 몸과 마음은 하나가 됩니다. 걷기 명상은 스스로에게로 돌아오고, 어머니 지구 Mother Earth로부터 치유를 발견하도록 돕는 아름다운 수행입니다.

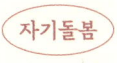 # 걷기 명상에서
위안을 찾다

스트레스와 슬픔의 시간 속에서 걷기 명상은 몸과 마음의 평화와 고요를 되찾는 훌륭한 방법입니다. 매일 자연 속을 걸으며 시간을 보내는 것은 몸과 대지 그리고 삶의 경이로움과 다시 연결되도록 돕습니다. 자연은 우리의 고통을 보듬고, 그것을 변화시키는 힘을 가지고 있습니다.

우리는 어디에 도착하려는 목적 없이 걷습니다. 그저 걷는 것 자체의 순수한 기쁨을 위해 걷습니다. 내딛는 모든 걸음을 즐기고, 호흡을 음미하며, 고통과 슬픔을 대지에 흘려보냅니다. 한 걸음 한 걸음이 우리를 현재의 순간, 삶이 존재하는 유일한 곳으로 데려다줍니다.

걷는 동안, 발이 닿는 순간과 호흡을 자각합니다. 얼굴에 닿는 햇살의 따스함과 살갗을 스치는 서늘한 바람을 느낍니다. 주변의 새소리, 나무와 꽃의 향기를 알아차립니다. 우리는 모든 걸음을 즐기며, 그 한 걸음 한 걸음은 땅 위에 평화의 흔적을 남깁니다. 공원이나 아름답고 고요한 곳에서 걷기 명상을 수행할 수 있습니다. 이 수행은 우리의 정신을 풍요롭게 하고, 마음챙김을 더욱 견고하게 만들어 줍니다. 그리고 우리에게 치유를 선사합니다.

☙ ☙ ☙

우리가 걸을 때, 우리 곁을 떠난 사랑하는 이의 손을

상실의 아픔을
마주하다

잡고 함께 걸을 수 있습니다. 우리의 다리는 그들의 다리가 되고, 우리의 눈은 그들의 눈이 됩니다. 푸른 하늘, 찬란한 노을, 웅장한 나무, 어떤 동물 같은 아름다운 것을 볼 때, 걸음을 멈추고 그 장면이 우리 의식 속으로 스며들도록 허락합니다. 그 아름다움이 우리에게 깊은 자양을 주고, 우리 안에 살아 있는 사랑하는 이에게도 그 자양이 전해집니다. 우리는 모든 것을 즐깁니다. 이것은 단지 우리 자신을 위한 것이 아니라, 이미 세상을 떠난 사랑하는 이를 위한 것이기도 합니다.

걸음을 부드럽게 내딛습니다. 발로 대지에 입 맞추는 것을 상상하며, 발바닥에 주의를 기울이고 발과 땅의 접촉을 느낍니다. 대지가 당신을 지탱하게 합니다. 한 걸음 한 걸음과 함께 지금 이 순간에 진정으로 도착

합니다. 아직 도착하지 않았다면, 온전히 현재에 머물 때까지 걸음을 멈춥니다. 호흡과 걸음을 조화롭게 연결하여 그 둘 사이에 소통이 이루어지도록 합니다. 숨을 쉴 때 호흡의 길이에 맞춰 발걸음을 셀 수도 있습니다. 들숨에 두세 걸음, 날숨에 서너 걸음을 내디디며, "하나 둘, 하나 둘 셋" 또는 "들이쉬고 들이쉬고, 내쉬고 내쉬고 내쉬고"라고 마음속으로 읊조립니다.

집중을 돕기 위해 짧은 시를 읊는 것도 좋은 방법입니다. 걸음과 호흡의 속도에 맞춰, 한 걸음마다 한 단어나 구절을 함께 음미할 수 있습니다.

나는 도착했네, 나는 집에 있네,
지금, 여기에.

또는 더 단순하게

도착했네, 도착했네,

집에 있네, 집에 있네, 집에 있네.

내면의 섬에 있는 안식처

 삶이 격랑의 바다처럼 느껴질 때, 우리는 내면에 평화의 섬이 있다는 것을 떠올릴 수 있습니다. 모든 것은 무상합니다. 오고 가는 것, 사랑과 미움, 태어남과 죽음, 모든 것은 항상 변화하는 과정 중에 있습니다. 내면의 섬에 머무를 때, 당신은 안전합니다. 자신의 섬에 의지합니다.

 숨을 들이쉬고 두 걸음을 내디디며 마음속으로 말합니다, "의지합니다". 숨을 내쉬며 두세 걸음을 내디디며 말합니다, "내면의 섬에".

숨을 들이쉬며
나는 내 안에 있는 섬으로 돌아가네.
그 섬 안에는 아름다운 나무들이 있네.
맑고 깨끗한 물줄기가 흐르고, 새들이 노래하고,
햇빛과 맑은 공기가 있네.
숨을 내쉬며 나는 안전함을 느끼네.
나의 섬으로 돌아가는 것을 즐기네.

우리 모두 때로는 도움이 필요하다

　우리의 고통이 너무 커서 한 사람이 혼자 감당하기 어려울 때가 있습니다.

　고통이 우리를 압도하려고 할 때, 우리는 다른 사람들에게 도움을 청할 수 있습니다. 함께 마음챙김을 수행하는 공동체는 그러한 지지를 줄 수 있습니다. 공동체가 함께 만들어 낸 마음챙김의 에너지는 우리와 우리의 고통을 따뜻하게 감싸는 힘을 가지고 있습니다. 깊이 듣고 다정하게 말하는 수행은 안도감을 줄 수 있습니다. 함께 앉고, 함께 걷고, 두 발로 대지에 접촉하며 수행하는 것은 깊은 치유를 가져옵니다.

공동체가 함께 만든 마음챙김의 에너지가 우리의 고통을 인식하고 끌어안을 수 있도록 허락합니다. 혼자서 고통을 짊어지는 것은 너무나 무거운 짐이 될 수 있기에, 우리는 고통을 공동체에 맡깁니다. "사랑하는 벗들이여, 여기 제 고통이 있습니다. 여기 제 슬픔이 있습니다. 여기 제 절망이 있습니다. 제가 그것들을 인정할 수 있도록 도와주세요. 저를 위해 그것들을 보듬어 주세요."

우리는 깨어 있는 에너지의 강에 흐르는 한 방울의 물이 되어 한결 마음이 편안해집니다. 하나로 모은 마음챙김의 에너지는 변화를 가능하게 하고, 강력하며, 치유의 힘을 지니고 있습니다.

걸음마다 평화

평화는 우리 주변에, 세상과 자연 속에 깃들어 있습니다. 평화는 우리 내면에도, 우리 몸과 마음에도 존재합니다. 걷는 행위는 우리 안에 이미 깃들어 있는 평화의 씨앗에 물을 줍니다. 마음챙김으로 걷는 한 걸음 한 걸음은, 매 순간 평화와 연결되도록 이끌어 줍니다.

마음은 이리저리 흐트러질 수 있습니다.
하지만 이 아름다운 길 위에서

상실의 아픔을
마주하다

나는 평화롭게 걷습니다.

한 걸음 내디딜 때마다

부드러운 바람이 속삭입니다.

한 걸음 내디딜 때마다

한 송이 꽃이 피어납니다.

강한
감정을
견뎌 내다

—

SURVIVING OUR STRONG EMOTIONS

바람 부는 하늘의 구름처럼 느낌은 오고 가네.

의식적인 호흡은 나의 닻이 되어 주네.

숨을 한 번 쉬어요

치유는 숨을 쉴 때 시작됩니다. 치유에 이르는 길이
따로 있는 것이 아니라, 치유가 곧 길입니다.
마음챙김으로 숨을 들이쉴 때, 우리는 몸의 집으로
마음을 가져와, 몸과 마음이 하나로 이어지게 합니다.
그러면 마음은 더 이상 달리지 않습니다.
때로는 그저 한 번의 호흡으로 충분합니다.

우리는 감정을 넘어선 존재다

지금 이 순간, 삶이 견딜 수 없을 만큼 힘겹게 느껴질 수도 있습니다. 하지만 모든 것은 무상합니다. 우리의 감정 역시 무상합니다. 감정은 오고 갑니다. 이 단순한 통찰은 당신의 삶을 바꿀 수 있습니다. 감정은 찾아오고, 잠시 머물고, 이내 사라집니다. 이것이 모든 현상의 본질입니다.

당신은 당신의 감정 그 이상입니다. 당신은 몸, 느낌, 지각, 정신적 형성 Mental Formations 그리고 의식이라는 다

강한 감정을
견뎌 내다

섯 가지 요소로 이루어진 존재입니다. 또한 당신은 몸과 말과 마음으로 짓는 모든 행동이고, 스스로 맹세한 서원誓願이며, 사랑하고 이해할 수 있는 능력입니다. 당신은 모든 생명과 깊이 연결되어 있고, 당신의 존재는 무한합니다.

깊이 숨을 쉬며 배가 일어나고 사라지는 움직임에 주의를 기울입니다. 그러면 감정이 더 이상 당신을 압도하거나 파괴적인 행동으로 몰아가지 않을 것입니다. 강렬한 감정을 한 번 견뎌낼 때마다, 당신은 다음에도 같은 일을 해낼 수 있다는 자신감을 얻게 될 것입니다.

자연의 집으로
돌아가다

　대지는 우리의 집입니다. 대지는 우리의 진정한 어머니입니다. 슬픔과 상실의 시간에 우리는 우리를 길러준 대지로 돌아갈 수 있습니다. 대지는 우리의 슬픔과 절망을 모두 품어 줄 수 있습니다. 그 두 팔은 언제나 당신을 향해 열려 있습니다. 자연은 당신이 그 품에 깃들도록 초대합니다. 대지의 다정한 품에 자신을 맡기고 고통을 내려놓습니다. 우리가 찾는 안식은 멀리 있지 않습니다. 그것은 바로 우리 발아래 그리고 우리 주변 모든 곳에 있습니다. 마음챙김으로 대지와 연결되는 한 걸음 한 걸음이 우리를 치유로 이끌어 줍니다.

대지에 의지하다

우리가 연약하고 불안정하다고 느낄 때, 우리는 집으로 돌아가 대지에 의지할 수 있습니다. 한 걸음 한 걸음 내디딜 때마다 발밑에서 대지의 단단함을 느낍니다. 지구와 진정으로 교감할 때 지구의 끝없는 자비와 안정과 차별하지 않음, 치유의 품을 느낄 수 있습니다. 우리는 지구로 돌아가 지구에게 우리 자신을 온전히 맡깁니다.

어머니 지구로 돌아가는 방법을 알 때, 자양을 얻고

평화를 되찾을 수 있습니다. 어머니 지구는 우리를 살리고, 고통을 보듬고, 치유하는 힘을 가지고 있습니다. 발아래 느껴지는 땅의 단단함과 다시 연결될 때 우리는 깊은 치유를 경험할 수 있습니다. 높은 산봉우리와 호수, 드넓은 푸른 하늘과 굽이치는 강, 깊은 바다에서 어머니 지구의 장엄함을 기뻐합니다. 태양은 매일 우리를 품고 다정히 어루만지며, 우리의 하루와 긴 세월을 밝혀주고, 우리 삶에 빛을 가져다줍니다.

우리가 우리 자신에게 돌아가 내면의 섬에 의지할 때, 우리는 자기 자신에게 집이 되고, 동시에 다른 이들에게도 안식처가 됩니다. 온전한 몸과 마음으로 걷는 것은 화와 두려움, 절망으로부터 우리를 자유롭게 합니다. 한 걸음 한 걸음이 지구와 당신에 대한 사랑을 표현하는 행위입니다.

걸으면서 다음과 같이 말할 수 있습니다.

걸음을 내디딜 때마다,

나는 지구로 돌아갑니다.

걸음을 내디딜 때마다,

나는 나의 근원으로 돌아갑니다.

걸음을 내디딜 때마다,

나는 어머니 지구에 의지합니다.

강한 감정을
견뎌 내다

고통스러운 감정을
진정시키다

　호흡과 몸을 진정시키는 연습을 하듯, 감정을 다독이는 연습도 할 수 있습니다. 호흡으로 돌아와 슬픔, 비탄, 상실과 같은 고통스러운 감정을 인식하고 보듬고 달랩니다. 그것이 수행입니다. 감정을 밀어내지 않고, 엄마가 우는 아기를 안아주듯이 우리의 감정을 인식하고, 이름을 붙이며, 부드럽게 보듬어 주는 것입니다.
　고통스러운 감정을 인식하고 이름을 붙이면 그 감정이 우리를 지배하는 힘이 약해집니다. 우리가 무엇을 느끼고 있는지를 아는 것이 중요합니다. 평화로운 호흡과 자비로운 포옹은 이런 강한 감정을 진정시키고 자연스럽게 변화시키도록 도와줍니다.

다행히 마음챙김을 함께 수행하는 사람들이 곁에 있다면, 하나로 모은 마음챙김의 에너지로부터 큰 힘을 얻을 수 있습니다.

우리가 지금 이 순간의 기쁨을 느끼지 못하게 하는 것은 무엇일까요? 고통의 진정한 본질은 무엇일까요? 우리는 모든 감정을 진정한 이름으로 부르는 법을 배울 수 있습니다.

(자기돌봄) 고통스러운
감정을 품고 다독이다

조용한 장소에 앉아 호흡을 따라갑니다. 다음의 안내를 참고하여 명상할 수 있습니다. 이 안내 명상의 각 구절은 들숨과 날숨에 맞춰져 있으며, 처음 문구는 들숨에, 다음 문구는 날숨에 함께합니다. 각 구절을 읽고 난 뒤, 눈을 감고 핵심 문구를 마음에 품고서 들숨과 날숨을 깊이 음미합니다.

내 마음의 상태를 자각하며,

숨을 들이쉬네.
내 마음의 상태에 미소 지으며,
숨을 내쉬네.
마음을 자각함.
미소 지음.

내 안에 있는 비탄의 고통을 경험하며,
숨을 들이쉬네.
비탄의 고통에 미소 지으며,
숨을 내쉬네.
비탄을 경험함.
미소 지음.

내 안에 있는 깊은 슬픔을 경험하며,
숨을 들이쉬네.
슬픔의 느낌에 미소 지으며,

숨을 내쉬네.
깊은 슬픔을 경험함.
미소 지음.

저항이 느껴지더라도 계속합니다. 미소 짓는 것이 불가능하다고 느껴질지라도, 미소를 짓는다는 생각만으로도 위안을 얻는 데 도움이 될 수 있습니다.

힘겨운 느낌을 품으며,
숨을 들이쉬네.
힘겨운 느낌에 미소 지으며,
숨을 내쉬네.
느낌을 품음.
미소 지음.

힘든 감정을 다독이며,

숨을 들이쉬네.
해방감을 느끼며,
숨을 내쉬네.
다독임.
해방감.

현재의 순간에 의지하며,
숨을 들이쉬네.
미소 짓고 받아들이며,
숨을 내쉬네.
현재의 순간.
미소 짓고 받아들임.

비탄, 슬픔, 화, 또는 절망과 같은 강렬한 감정에 압도될 때, 안내 명상과 함께 수행함으로써 진정과 위안을 찾을 수 있습니다. 우리가 힘든 감정을 인식하고, 이름을 붙이며, 끌어안을 수 있을 때 비로소 그 감정은 자연스럽게 가라앉고, 다른 무언가가 들어올 수 있는 공간을 만들어 줍니다.

슬픔에
압도될 때

    고통이 떠올라 우리의 마음을 온통 사로잡게 놔두면, 우리는 그 고통에 금세 압도될 수 있습니다. 그렇기 때문에 우리는 동시에 또 다른 에너지를 초대해야 합니다. 바로 마음챙김의 에너지입니다.

    마음챙김의 에너지와 함께 우리는 고통을 인식하고, 부드럽게 품어 줄 수 있습니다. 마치 아기가 울 때, 엄마가 하던 일을 멈추고 아기를 품에 안아 부드럽게 다독이는 것처럼 말입니다. 엄마의 에너지가 아기에게 스며들면, 아기는 위안을 느낍니다.

마음챙김의 역할은 먼저 존재하는 고통을 알아차리는 것입니다. 그리고 그 고통에 이름을 붙이고 끌어안음으로써 보살펴 주는 것입니다. 우리가 느끼고 있는 것에 이름을 붙이고, 무엇이 우리를 괴롭히는지 헤아릴 수 있다면, 변화와 평화 그리고 기쁨을 느낄 수 있습니다.

마음챙김의 에너지로 슬픔과 고통, 화와 두려움을 품을 수 있을 때, 우리는 그 고통의 뿌리를 인식할 수 있습니다. 그리고 우리가 사랑하는 이들의 고통도 이해할 수 있게 될 것입니다.

마음챙김의
기적

    마음챙김은 우리를 치유하고, 우리의 비탄과 슬픔을 변화시키는 힘을 가지고 있습니다. 마음챙김은 지금 이 순간, 우리 내면과 주변에서 무슨 일이 일어나고 있는지 알게 해주는 에너지입니다. 마음챙김의 호흡, 앉기, 걷기 수행을 통해 우리의 삶은 변화될 수 있습니다. 이런 단순한 삶의 행위들을 마음챙김 속에서 할 수 있다면, 고통스러운 감정과 느낌이 일어날 때 그것들을 더 쉽게 다룰 수 있을 것입니다.

강한 감정을
견뎌 내다

자신을
먼저 돌보다

 마음챙김을 수행할 때 우리는 자신의 고통을 더 깊이 알게 됩니다. 그러나 때로는 우리가 그 고통을 변화시킬 만큼 충분히 강하지 않을 수 있습니다. 우리의 고통을 온전히 마주하고 품어 주는 힘을 기르려면, 우리 내면과 주변에 있는 경이로움과 생기를 북돋우는 수많은 것들을 만나는 것이 중요합니다. 나무, 푸른 하늘, 아이의 눈동자, 지는 노을과 같은 것들 말입니다. 고통을 견디기 위해서는 단단한 토대가 필요합니다. 우리가 고요하고 안정적일 때 그리고 충분한 평화와 기쁨을 일구었을 때 비로소 우리의 고통을 바라볼 수 있습니다. 마치 의사가 환자의 상태가 너무 약하다고 판단할 때, 수술을 견딜 수 있도록 먼저 휴식과 영양을 권하는 것처럼, 우리도 고통에 초점을 맞추기 전에 먼저 기쁨과 행복의 토대를 강하게 다져야 합니다.

긍정적인 감정에
자양을 주다

마음은 땅과 같습니다. 땅속 깊이 다양한 씨앗들이 자리 잡고 있듯, 우리 의식의 깊은 곳에도 온갖 씨앗들이 있습니다. 그중에는 청정한 씨앗도 있고, 청정하지 않은 씨앗도 있습니다. 씨앗에 물을 주면 싹이 트고, 의식 속에서 정신적으로 형성된 것이 드러납니다. 우리의 의식 속에는 천국도 있고 지옥도 있습니다. 우리는 모두 행복하고, 자비로우며, 이해심 많은 존재가 될 가능성을 지니고 있습니다. 그러나 내면의 부정적인 것들, 특히 슬픔, 고통, 괴로움에만 초점을 맞춘다면, 이는 비탄과 절망, 희망 없음의 씨앗에 물을 주는 것입니다. 그러면 이 씨앗들이 싹을 틔우고 자라나 우리 마음의 토대에서 더욱 강해질 것입니다. 그렇기에 무엇에 물을 줄 것인지 선택하는 것이 중요합니다. 우리의 행복을 키우려면 긍정적인 자양이 필요합니다. 적절한 주의를 기울이는 수행을 통해, 우리는 무엇에 물을 줄지 신중히 결정할 수 있습니다. 우리 내면과 주변의 긍정적인 것들과 연결됨으로써, 우리 안의 청정한 자질에 물을 줍니다. 이것이 늘 가까이에 있는 삶의 경이로움과 연결되는 방법입니다.

고통을 돌보는 한 가지 방법은 정반대의 성질을 가진 씨앗이 떠오르도록 초대하는 것입니다. 반대되는 성질 없이는 아무것도 존재하지 않습니다. 절망의 씨앗이 있다면 희망의 씨앗도 있습니다. 우울의 씨앗이 있다면 기쁨과 생기의 씨앗도 있습니다.

절망과 같은 부정적인 씨앗에 물이 스며들 때, 마음챙김의 씨앗이 올라와 그것을 부드럽게 품을 수 있도록 초대할 수 있습니다. 그렇게 하면 우리가 느끼는 것을 명확히 인식할 수 있습니다. 외로움을 느낀다면, 외로움을 느끼고 있다는 것을 알아차리고 그것에 이름을 붙일 수 있습니다. 이렇게 느낌에 이름을 붙이면 즉각적인 영향을 미쳐 부정적인 씨앗의 힘을 약하게 만들고, 우리 마음의 깊은 토대에 있는 긍정적인 씨앗을 강화할 수 있습니다. 우리는 모두 자비의 씨앗을 가지고 있습니다. 매일 자비에 대한 마음챙김 수행을 하면 내면에 있는 자비의 씨앗이 강해지고 강력한 에너지의 원천이 됩니다. 내면에서 평화와 기쁨, 행복을 더 많이 일구면 슬픔과 절망은 자연스럽게 줄어들 것입니다.

우리는 무언가와 싸우거나 억누를 필요가 없습니다. 다만, 긍정적인 씨앗에 선택적으로 물을 주고 부정적인 씨앗에는 물을 주지 않으려고 노력할 뿐입니다. 이것은 고통을 외면하거나 간과한다는 뜻이 아닙니다. 오히려, 자연스럽게 존재하는 긍정적인 씨앗이 싹을 틔우고 자라 아름다운 꽃을 피울 수 있도록 주의를 기울이고 자양을 보탠다는 뜻입니다.

멈추고 깊이 들여다보다

우리가 고통에 압도될 때 가장 먼저 해야 할 일은, 하던 일을 멈추고 호흡에 주의를 기울이며 자각과 함께 그 흐름을 따라가는 것입니다. 불편한 감정을 무시하거나 억누르려고 하지 않습니다.

숨을 들이쉬며,
내가 숨을 들이쉬고 있다는 것을 아네.
숨을 내쉬며, 내가 숨을 내쉬고 있다는 것을 아네.

차분해질 때까지 호흡을 따라갑니다.

숨을 들이쉬며, 내가 고통을 겪고 있다는 것을 아네.
숨을 내쉬며, 나의 고통에 인사를 건네네.

이것은 멈추고 깊이 들여다보는 수행 방식이고, 명상의 두 날개입니다. 모든 것을 멈추고 호흡으로 돌아와, 지금 여기에 있는 것을 인식하고 보살필 수 있도록 깊이 들여다보는 것입니다.

(자기돌봄) 쉬기 위해
멈추다

 몸과 마음의 고통과 긴장을 풀어 주기 위해, 아무리 바쁜 하루라도 우리의 기분이 좋든 나쁘든 상관없이, 규칙적으로 잠시 멈추는 시간을 가질 수 있습니다. 몇 초나 몇 분이라도 호흡하고, 쉬고, 이완하며, 스스로를 치유하기 위해 하는 일을 멈출 수 있습니다. 이렇게 하면 몸과 마음에 스트레스와 긴장이 쌓이는 것을 막고, 몸이 스스로 회복하도록 도울 수 있습니다.

 멈춤을 통해 몸으로 돌아와 우리는 긍정적인 것들과

다시 연결될 수 있습니다. 우리 곁에 언제나 존재하는 삶의 경이로움을 만날 수 있습니다. 우리는 평화로움을 느끼고 많은 것들을 더 분명히 볼 수 있습니다. 멈추는 순간, 우리는 평화와 기쁨을 경험하며 다시 미소를 지을 수 있습니다.

몸과 마음은 한 실재의 두 측면입니다. 우리 마음이 지나치게 긴장하고 걱정으로 가득 차면, 그것은 곧 몸에도 영향을 미칩니다. 그래서 우리는 멈추는 연습을 합니다. 달리는 것을 멈추고, 숨을 쉴 때마다, 걸음을 내디딜 때마다 우리의 마음을 몸과 현재의 순간으로 되돌립니다. 한 걸음 한 걸음을 진정으로 즐기며, 온전히 음미하고, 슬픔과 걱정, 불안을 내려놓습니다. 이러한 느낌들이 다시 나타날 때, 우리는 그저 "안녕" 그리고 "잘 가"라고 말합니다. 스스로에게 강요하거나 애쓰지 않습니다. 언짢아할 필요도 없습니다. 그저 그 감정을 알아차리고 부드럽게 보내줍니다. 고통스러운 감정이

강한 감정을
견뎌 내다

다시 찾아올 때마다 손을 흔들며 인사를 건넵니다. "안녕, 나의 슬픔과 절망이여. 네가 거기에 있다는 것을 알아." 마지막으로 "잘 가, 나의 슬픔과 절망이여"라고 말합니다. 그렇게 천천히 우리는 더 편안해지고, 시간이 지나면서 치유가 일어납니다.

진흙 없이 피는 연꽃은 없다

사랑과 이해는 고통이라는 진흙에서 피어나는 연꽃입니다. 진흙이 없으면 연꽃도 피어날 수 없습니다. 연꽃은 진흙이 있어야만 자랄 수 있습니다. 이해와 자비는 오직 고통과 마주했을 때만 일어날 수 있습니다.

우리는 고통이 이해와 사랑을 만들어 내는 데 중요한 역할을 한다는 것을 알고 있습니다. 그렇기 때문에 고통으로부터 도망치지 않습니다. 대신, 고통을 이해하기 위해 그것을 품고 깊이 들여다봅니다. 이해할 수

강한 감정을
견뎌 내다

있다면, 사랑할 수 있습니다. 그리고 이해와 사랑이 함께할 때, 우리의 고통은 줄어듭니다.

(자기돌봄) 치유를 위한
앉기 명상

우리 모두에게는 조용히 물러나 그저 존재할 수 있는 공간이 필요합니다. 특히 위기나 혼란의 시기에는 앉아서 호흡에 집중할 수 있는 안전한 피난처가 더욱 절실합니다. 집 안에서 방해받지 않고 평화롭게 앉을 수 있는 조용한 공간을 찾아봅니다. 꽃과 향, 촛불을 활용해 작은 제단이나 수행 공간을 꾸며 명상에 적합한 평온한 분위기를 만들 수 있습니다. 이 공간은 편안하게 하는 이미지와 향기, 소리로 채워져 따뜻한 안식처

강한 감정을
견뎌 내다

가 되어야 합니다. 필요할 때마다 이 조용한 공간으로 돌아옵니다.

앉기 명상은 어렵지 않습니다. 힘든 일이 아닙니다. 앉기 명상은 영적으로 뛰어나거나 몸이 유연한 사람들만 할 수 있는 것이라고 생각하는 사람들이 있을지도 모릅니다. 그러나 사실 앉기 명상에는 특별한 것이 없습니다. 누구나 할 수 있습니다. 그저 조용한 장소를 찾아 앉기만 하면 됩니다.

명상은 분주한 마음을 멈추고 사물을 깊이 바라보는 예술입니다. 앉기 명상은 이런 멈춤을 수행하는 빠르고 효과적인 방법입니다. 말과 행동을 멈추고 몸과 마음이 고요해지도록 돕습니다. 긴 시간이 필요하지 않습니다. 몇 분이면 과거에 대한 후회나 미래에 대한 걱정에 휩쓸리지 않고, 현재의 순간으로 돌아오기에 충분합니다. 이 순간이야말로 우리가 안전할 수 있고 진정한 평화를 만날 수 있습니다. 삶은 오직 현재 이 순간에만 우리에게 열려 있습니다. 우리가 현재에 머물지 않으면 삶을 놓치게 됩니다.

멈추어 앉아 호흡을 따라가는 것은 집으로 돌아가는 과정입니다. 마음을 몸으로 되돌리고 평화와 고요를 되찾으면 안도를 느낄 수 있습니다. 우리가 차분해지면 온 세상이 다르게 보이기 시작하고, 모든 것을 더 선명하게 볼 수 있습니다.

갓 짜낸 사과주스를 떠올려 보세요. 처음에는 흐릿해서 속을 볼 수 없습니다. 하지만 잠시 그대로 두면 과육이 가라앉고 주스가 맑아집니다. '앉기 명상'을 잠깐만 해도, 주스는 물처럼 완전히 투명해집니다. 앉아서 호흡을 따라갈 때 똑같은 일이 우리 마음에도 일어납니다. 모든 것이 가라앉고 고요해지며, 더 큰 명료함을 얻게 됩니다. 우리는 사물을 새로운 시각으로 볼 수 있습니다. 마음챙김과 집중으로 깊이 들여다보면 통찰이 생겨납니다. 통찰과 함께 변화와 치유가 시작됩니다.

강한 감정을
견뎌 내다

앉는 법

이제 앉는 법에 대해 알아봅니다. 우리는 바닥에 앉거나 의자에 앉을 수 있습니다. 바닥에 앉는 것은 더 안정감을 주고, 머릿속에서 몸으로 마음을 되돌리는 데 도움을 줍니다. 방석 위에 가부좌로 앉거나, 작은 의자나 단단한 방석을 발뒤꿈치 사이에 두고 지지대로 삼는 정좌正坐 자세로 앉습니다. 자신에게 편안한 자세를 찾습니다. 허리는 곧게 세우되 경직되지 않게 하고, 어깨도 편안하게 하며, 손은 무릎 위에 가볍게 올려놓습니다. 방석이나 의자의 앞쪽 끝에 앉아, 척추가 곧으면서도 편안하게 유지되도록 합니다. 가부좌로 앉을 경우, 양쪽 무릎이 바닥에 닿아 자세가 안정되도록 하되, 똑바로 앉으려고 지나치게 애쓸 필요는 없습니다. 의자에 앉을 경우, 발바닥이 바닥에 평평하게 닿도록 하거나, 방석이나 발 받침대로 지지합니다.

이제 들숨과 날숨에 자각을 가져옵니다. 호흡은 자연스럽게 더 깊어지고 느려지며, 더욱 평화로워질 것입니다. 이 과정은 매우 즐거운 느낌이어야 합니다. 단순히 앉아 몸을 고요하게 하는 것만으로도 편안함과 행복함을 가져올 수 있습니다. 앉는 행위 자체의 기쁨과 자양을 얻기 위해 앉습니다. 생각을 내려놓고 그저 호흡을 따라갑니다.

이제 자각을 몸으로 가져옵니다. 아직도 긴장된 부분이 있다면 몸을 편안히 풀어 줍니다. 마음챙김의 호흡은 마음을 몸이라는 집으로 되돌아오게 합니다.

우리의 몸은 기적입니다. 몸의 경이로움과 연결될 때 치유는 즉시 시작됩니다. 현재의 순간에 몸과 마음이 하나로 모일 때, 우리는 진정한 평화를 만날 수 있습니다.

단지 앉기 위해 앉는 행위 그 자체가 스스로에게 베푸는 자비의 행위입니다.

(자기돌봄) ## 내 안에 있는
사랑하는 이를 보다

사랑하는 사람이 세상을 떠나면, 우리는 갑작스럽게 버려지거나 홀로 남겨진 것처럼 느낄 수 있습니다. 그들을 영원히 잃어버렸다고 믿으며 깊은 고통을 경험하기도 하고, 그들과 단절되었다고 느낄 수도 있습니다. 하지만 우리 자신과 다시 연결될 때, 사랑하는 이들, 조상들 그리고 생명의 흐름 전체와 다시 연결될 수 있습니다. 내면의 집으로 돌아가, 우리 안에 있는 사랑하는 이를 다시 만날 수 있습니다.

강한 감정을
견뎌 내다

부모님은 가장 가까운 조상입니다. 우리는 유전학적으로 모든 조상이 여전히 우리 몸의 모든 세포 안에 살아 있다는 사실을 알고 있습니다. 그들은 죽지 않았습니다. 우리는 단지 그들의 유전자만을 물려받은 것이 아닙니다. 우리는 그들의 생각, 믿음, 경험 그리고 염원을 모두 지니고 있습니다. 우리는 그들이 몸과 말과 마음으로 지은 행동을 미래로 이어가고 있습니다. 설령 우리가 원한다고 해도 사랑하는 이를 우리에게서 분리할 수는 없습니다. 이는 아버지나 어머니를 우리에게서 떼어놓을 수 없는 것과 마찬가지입니다. 모든 것은 다른 모든 것 안에 존재합니다. 서로 연결되어 있음 또는 '상호존재Interbeing'의 통찰을 통해, 내가 곧 나의 아버지이고, 나의 어머니라는 것을 이해할 수 있습니다. 만약 자신의 아버지나 어머니에게 화가 난다면, 이는 곧 자신에게 화가 난 것입니다. 마찬가지로, 자녀에게 화가 난다면, 그것 역시 자신에게 화가 난 것입니다. 우리의 자녀는 우리의 연속이며, 그들은 우리를 미래로 데려갑니다.

사랑하는 이들도 마찬가지입니다. 비록 혈연이 아니더라도, 그들은 우리 안에 존재하며, 그들을 우리로부터 분리하는 것은 불가능합니다. 우리가 함께 나눈 모든 경험과 그들이 생각하고 말하고 행동했던 모든 것은 우리 안에 살아 있습니다. 이것은 되돌릴 수도 없고, 우리로부터 분리할 수도 없는 것입니다. 사랑하는 이와 다시 연결되기 위해 우리는 그저 내면으로 향해 스스로와 다시 연결되기만 하면 됩니다.

이 짧은 안내 명상은 우리 안에 살아 있는 사랑하는 이의 존재를 시각화하는 데 도움을 줄 것입니다. 또한 '어머니', '아버지', '할머니', '할아버지' 또는 '모든 조상님'으로 단어를 바꾸어 우리 안에 살아 있는 조상들과의 연결을 느끼고, 그들의 에너지와 지지를 받을 수 있습니다.

숨을 들이쉬며, 나는 내 몸의 모든 세포 안에서
사랑하는 이의 현존을 보네.
숨을 내쉬며, 나는 내 몸의 모든 세포 안에 있는
사랑하는 이에게 미소 짓네.
모든 세포 안의 사랑하는 이,
미소 지음.

숨을 들이쉬며, 내가 사랑하는 이가 나와 함께
숨을 들이쉬네.
숨을 내쉬며, 내가 사랑하는 이가 나와 함께
숨을 내쉬네.
사랑하는 이가 나와 함께 숨을 들이쉼.
사랑하는 이가 나와 함께 숨을 내쉼.

숨을 들이쉬며, 나는 사랑하는 이의 폐로 숨 쉬네.
숨을 내쉬며, 우리 몸이 편안해지네.

사랑하는 이의 폐로 숨을 쉼.
우리 몸이 편안해짐.

숨을 들이쉬며, 나는 사랑하는 이의 눈으로 보네.
숨을 내쉬며, 나는 사랑하는 이의 귀로 듣네.
사랑하는 이의 눈으로 봄.
사랑하는 이의 귀로 들음.

숨을 들이쉬며, 내가 수천 년 동안 끊임없이 흘러
온 경이로운 생명의 강의 일부임을 보네.
숨을 내쉬며, 미소 짓고 이 생명의 강에
나 자신을 맡기네.
생명의 강, 나 자신을 맡김.

강한 감정을
견뎌 내다

과거를
현재에서 치유하다

과거는 완전히 사라진 것이 아닙니다. 그것은 여전히 현재의 순간 속에 존재하며, 우리는 언제든 그것과 연결될 수 있습니다. 때로는 과거에 대한 후회가 남아 있을 수 있고, 그렇다 해도 실수를 바로잡기 위해 과거로 되돌아갈 수는 없다고 믿을지 모릅니다. 그러나 현재의 순간에 깊이 연결될 때, 우리는 여전히 과거의 고통과 상처를 마주할 수 있습니다. 우리는 세상을 떠난 사랑하는 이들, 가족, 조상, 또는 친구들이 더 이상 우리 곁에 없다고 여길지도 모릅니다. 그러나 마음챙김으로 현재의 순간에 깊이 연결되는 법을 안다면, 그들이 여전히 거기에 있음을, 우리 안에 살아 있음을 발견할 수 있습니다. 그리고 우리는 전과 같이 그들에게 말할 수 있습니다.

예를 들어, 상호존재의 관점으로 깊이 바라보면, 어머니가 내 안에 여전히 살아 있다는 것을 깨닫게 됩니다. 나는 어머니의 연속입니다. 나는 어머니이고, 어머니는 나 자신입니다. 지금 이 순간, 과거의 상처를 치유하는 것이 가능합니다. 그 사람이 더 이상 우리 곁에 없다고 해도, 그에게 사과하고 후회의 마음을 표현할 수 있습니다.

"어머니, 죄송합니다. 제가 서툴렀고, 당신을 아프게 했음을 압니다. 다시는 그런 말을 하지 않겠습니다. 부디 저를 용서해 주세요."

내 안에 있는 어머니가 이 화해의 말을 들을 때, 어머니는 미소 짓습니다. 그리고 그 순간 나의 상처 또한 치유되기 시작합니다.

현재의 순간에 연결됨으로써, 우리는 과거의 상처를 치유할 수 있습니다. 이것이 마음챙김의 기적입니다.

감정이 나를 통해 흘러가게 하다

고통스러운 감정과 힘든 감정을 두려워하지 않습니다. 고통스러운 감정을 억누르려 하면, 정신의 자연스러운 순환이 막히게 되어 우울증이나 다른 심리적 문제로 이어질 수 있습니다. 마치 건강한 몸을 유지하려면 혈액 순환이 잘되어야 하듯이, 마음의 건강을 위해서도 심리적 순환이 필요합니다. 우리의 느낌과 감정이 자연스럽게 흐르도록 허용해야 합니다. 고통이 올라올 때, 마음챙김과 함께 그것을 감싸 안습니다. 고통을 밀어내려 하지 않습니다.

마음챙김은 우리 정신의 피와 같습니다. 몸속 혈액이 독소를 제거하고 몸을 치유하듯, 마음챙김은 정신의 독소를 씻어내고 고통을 치유합니다. 우리가 마음챙김으로 고통을 보듬을 때, 고통은 점차 힘을 잃고 약해집니다. 이는 정신의 순환을 원활하게 만들어 줍니다. 마음챙김이 의식 속에서 자유롭게 흐를 때, 우리는 행복을 경험하기 시작합니다. 마음챙김이 우리 안에 있어 고통을 끌어안고 변화시킬 준비가 되어 있다는 것을 알아차릴 때, 우리는 더 이상 고통을 두려워하지 않아도 됩니다.

나가는 길은
안으로 향한다

    우리의 고통과 어려움을 이해하려면, 먼저 우리 자신과 함께 있어야 합니다. 집으로 돌아가 내면을 바라보는 것이 필요합니다. 우리가 해야 할 첫 번째 일은 고통받고 있음을 인식하고 받아들이는 것입니다. 고통을 인정할 수 있을 때, 그 고통을 변화시킬 가능성이 열립니다. 두 번째 단계는 용기를 내어 그 고통을 깊이 들여다보는 것입니다. 고통을 듣고 보듬으며, 그 본성을 이해하는 것입니다. 하지만 많은 사람이 자기 자신에게

**강한 감정을
견뎌 내다**

로 돌아가는 것을 두려워하며, 이를 피하기 위해 할 수 있는 모든 것을 동원합니다. 내면의 고통과 마주하면 그것이 자신을 압도할 것이라는 두려움 때문입니다. 이 두려움을 극복하기 위해, 우리는 마음챙김의 수행을 통해 스스로를 훈련해야 합니다. 마음챙김으로 숨을 쉬고, 앉고, 걷기를 수행하는 것은 우리 안에 강인한 에너지를 만드는 것입니다.

깊이 바라볼 때, 우리는 고통을 이해할 기회를 얻고, 그로부터 벗어날 길을 발견할 수 있습니다. 우리의 고통스러운 감정과 느낌을 보살피기 위해 내면으로 들어갈 때, 변화가 가능합니다. 나가는 길은 곧 내면으로 들어가는 것입니다. 우리가 고통을 이해할 때, 고통은 변하고, 우리는 새로워진 자신을 느낍니다.

(자기돌봄) 마음챙김의
종소리에
귀를 기울이다

    스트레스, 고통, 불안을 줄이는 유용한 방법 가운데 하나는 '마음챙김의 종소리'를 들을 때마다 멈추고, 적어도 세 번의 깊고 온전한 숨을 쉬는 것입니다. 사원이나 수행 센터에서는 하루 중에 여러 번, 모든 활동 전이나 후 그리고 때로는 활동 중간에 종소리를 '청하여 울리게' 합니다. 일상에서도 전화벨, 문자 알림, 알람, 사이렌과 같은 다양한 '종소리'가 우리 곁에 있습니다. 이 모든 소리는 우리의 마음챙김을 위한 종소리가 될 수 있습니다. 종소리는 우리의 친구입니다. 그것은 우리가 지금 하던 일을 멈추고, 우리 자신과 현재의 순간이라는 집으로 돌아오라고 일깨워 줍니다.

  종소리를 들을 때마다, 우리는 신체적으로나 정신적으로 모든 것을 멈춥니다. 생각이나 걱정에 사로잡히는 것을 멈추고, 호흡에 집중하는 것으로 다시 돌아옵니다. 온전히 세 번의 들숨과 날숨을 수행하며, 숨이 몸 안으로 들어오고 나가는 과정을 차분히 따라갑니다. 이것은 참으로 마음을 편안하게 합니다. 우리는 자각을 다시 몸으로 가져오고, 몸 안에 지니는 긴장을 내려놓습니다. 마음에 대해서도 같은 방식으로 수행합니다. 무엇을 생각하고 있는지, 어떤 감정을 느끼고 있는지 자각합니다. 우리는 단순히 알아차리고, 생각과 느낌을 기록하듯 메모한 뒤, 그것들을 부드럽게 내려놓는 연습을 합니다. 이 수행은 매우 쉽고, 즉각적인 위안과 고요를 가져옵니다. 하루 종일 이 수행을 지속하면 우리의 '마음챙김 근육'이 강화되어, 어려운 상황에서도 고요함을 유지할 수 있게 됩니다.

우리는 다양한 '종소리'를 마음챙김의 도구로 활용할 수 있습니다. 명상 종소리, 교회 종소리, 시계 종소리, 교통 신호의 빨간불까지도 마음챙김의 종소리가 되어, 우리를 참된 집으로 돌아오도록 부릅니다. 창의적으로 접근하여 자신만의 마음챙김 종소리를 발견하고, 그 소리를 들을 때마다 멈추겠다는 다짐을 스스로 합니다. 컴퓨터나 휴대전화에 마음챙김 종소리 앱을 다운로드하여 규칙적으로 울리도록 설정하는 것도 좋은 방법입니다. 종소리를 들을 때마다, 하고 있는 일을 내려놓고 잠시 휴식합니다. 멈추고, 숨을 쉬고, 이완하고, 내려놓습니다. 이는 모든 것을 '초기화'할 수 있는 소중한 기회입니다. 평화와 연결되고 온전히 살아 있음을 느낄 수 있습니다. 종소리를 들으며 이렇게 말할 수 있습니다.

강한 감정을
견뎌 내다

들어보세요, 들어보세요.

이 경이로운 소리가 나를

나의 진정한 집으로 데려옵니다.

당신의 감정을
그 진정한 이름으로 불러요

마음은 강과 같습니다. 우리의 느낌, 감정 그리고 정신적으로 형성된 모든 것은 강물의 물방울처럼 끊임없이 흘러 하나의 흐름을 만듭니다. 명상이란 마음의 강가에 앉아 그 모든 것이 떠오름을 조용히 알아차리는 것입니다. 우리는 어떤 것도 붙잡으려 하거나 싸우려 하지 않습니다. 단지 그것들이 존재하도록 허용하고, 그것을 인식하며 그 진정한 이름을 불러 줍니다. 그러면 그것들은 자연스럽게 잔잔해집니다.

강한 감정을
견뎌 내다

마음챙김의 호흡과 걷기 수행을 통해 우리는 두려움 없이 자신에게 돌아갈 수 있을 만큼 충분한 마음챙김의 에너지를 키울 수 있습니다. 이 에너지는 고통스러운 느낌이나 감정에 압도되지 않고 그것들을 온전히 마주할 수 있게 도와줍니다. 마음챙김의 에너지와 함께 우리는 그 감정들을 따스하게 바라보고, 미소 지으며 이렇게 말할 수 있습니다. "안녕, 나의 고통, 나의 외로움, 나의 슬픔이여. 네가 거기 있다는 것을 알아. 내가 너를 잘 보살펴 줄게.", "안녕, 나의 화, 나의 슬픔, 나의 두려움이여. 이제 더 이상 너에게서 도망치지 않을 거야. 내가 너를 잘 보살펴 줄게."

우리의 느낌과 감정을 쉽게 알아차리고, 그것들을 진정한 이름으로 부를 수 있도록 목록으로 작성해 보는 것도 좋은 방법입니다.

고통스러운 느낌과 감정을 다루는 방법을 배우는 것이 핵심입니다. 화나 슬픔은 이해와 받아들임 그리고 자비로 변화될 수 있습니다.

마음챙김 수행을 통해 우리는 기쁨과 행복의 감정을 스스로 만들어 내는 법을 배우며, 마음을 기쁘게 하고 내면에 아름다운 풍경을 그릴 수 있습니다. 이 과정에서도 감정에 이름을 붙이는 것이 큰 도움이 됩니다. "안녕, 나의 기쁨, 나의 평화, 나의 행복이여. 나는 네가 거기에 있다는 것을 알아. 그리고 나는 정말 행복해."

고통의
두 번째 화살

 화살 하나에 맞으면 극심한 고통을 느낍니다. 그런데 같은 자리에 두 번째 화살이 꽂히면, 고통은 두 배가 아니라 열 배로 더 커집니다. 사랑하는 사람을 잃는 것은 첫 번째 화살입니다. 우리는 상실과 슬픔의 극심한 고통을 경험합니다. 하지만 그 상실에 대해 걱정하거나 불안해하고 절망에 빠지는 것은 두 번째 화살과 같습니다.

 고통 속에 있을 때, 숨을 깊이 들이쉬고 내쉬며 그 고통을 인식합니다. 그러나 그것을 과장하지 않습니다. 두 번째 화살이 당신을 쏘게 하지 않습니다. 죄책감, 회한 그리고 후회는 우리가 스스로에게 쏘는 두 번째 화살입니다.

세상을 떠난 사랑하는 이에게
미안하다고 말하다

우리가 세상을 떠난 사랑하는 이, 예를 들어 할머니에게 상처 주는 말을 한 적이 있더라도, 우리는 여전히 그 관계를 새롭게 시작할 수 있습니다. 조용히 앉아 마음챙김으로 숨을 들이쉬고 내쉬는 수행을 합니다. 그리고 우리 안에 살아 계신 할머니를 초대합니다. 할머니에게 미소를 지으며 진심으로 이렇게 말씀드립니다. "할머니, 죄송해요. 다시는 그런 말을 하지 않을게요." 그러면 할머니가 미소를 짓는 모습을 마음속에서 보게 될 것입니다. 이 수행은 우리에게 평화를 가져다주고, 우리를 새롭게 합니다. 그리고 주변 사람들과 미래 세대에게도 많은 기쁨과 행복을 가져다줄 것입니다.

**강한 감정을
견뎌 내다**

(자기돌봄) 사랑하는 이가
세상을 떠났을 때
새롭게 시작하다

 죄책감, 후회 그리고 회한은 사랑하는 이가 세상을 떠난 후에도 오랜 세월 동안 우리에게 견디기 힘든 고통을 줄 수 있습니다. 때로는 이런 감정을 오래도록 마음에 품고 살아가며, 그 기억이 떠오를 때마다 깊은 고통을 겪습니다.

 사랑하는 이에게 불친절하거나 다정하지 않은 말을 했던 것을 후회할 수 있습니다. 그들이 떠나기 전에 미처 하지 못한 말들에 회한을 느끼기도 합니다. 과거에 그들에게 상처를 주었던 행동을 자책하거나, 해야 했던 중요한 일이 뒤늦게 떠올라 하지 못한 것을 후회할 수도 있습니다. 살아 있는 동안 그들에게 더 다정하게 대하지 못한 것과, 그들을 얼마나 사랑했는지 충분히 보여주지 못한 것을 후회하는 사람도 많습니다. 이제는 너무 늦었다고 느낄지도 모릅니다. 하지만 이런 후회를 품고 있을 필요는 없습니다. 사랑하는 이들은 여전히 우리 안에 살아 있으며, 원할 때 언제든 그들에게 말을 건넬 수 있습니다. 우리는 자신의 서투름에 대해 사과하고 용서를 구할 수 있습니다. 사랑하는 이에게 미소를 지으며, 지금이라도 이전에 하지 못했던 말을 할 수 있습니다. 바로 지금, 말해보세요. 그들은 당신의 말을 들을 것입니다. 사랑하는 이가 세상을 떠난 후에도 우리는 그들과 새롭게 시작할 수 있습니다.

용서의 선물

사랑하는 이를 잃었을 때, 특히 갑작스럽게 세상을 떠나 작별 인사를 나눌 시간조차 없었다면, 우리는 종종 죄책감이라는 무거운 짐을 느끼게 됩니다. 사랑하는 이가 사고로 세상을 떠났거나, 극심한 고통과 괴로움이 감당할 수 없을 만큼 커서 스스로 생을 마감했다면, 우리는 견딜 수 없는 큰 슬픔과 회한에 빠질 수 있습니다.

내가 그의 죽음을 막을 수 없었을까? 왜 나는 그들을 위해 곁에 더 많이 있어 주지 못했을까? 내가 준 고통에 대해 나 자신을 어떻게 용서할 수 있을까? 사랑하는 이는 이제 더 이상 이곳에 없는데, 어떻게 사과하고 용서를 구할 수 있을까?

사랑하는 이를 잃은 사람들은 종종 이런 질문들로 괴로워합니다. 때로는 울부짖거나 바닥에 몸을 던지고, 심지어 스스로를 때리며 괴로워할 수도 있습니다. 그들이 살아 있을 때 잘해주지 못했던 순간들이 떠오르기 때문입니다. 죄책감이라는 복합적인 감정은 우리에게 깊은 고통을 안겨 줍니다.

너무 바빠서 사랑하는 이의 곁에 있어 주지 못했거나, 그들의 고통을 충분히 이해하지 못했다는 사실을 인정하는 것은 쉽지 않은 일입니다.

하지만 누구나 실수하고 때로는 서툴 수 있다는 것

을 알아야 합니다. 우리는 실수를 통해 배웁니다. 마음챙김 수행은 과거를 변화시킬 수 있고, 무상無常에 대한 통찰은 우리를 자유롭게 합니다. 이 통찰과 함께 우리는 오늘, 사랑하는 이를 행복하게 만들기 위해 최선을 다합니다. 내일을 기다리지 않습니다. 내일은 너무 늦을지도 모르기 때문입니다.

우리는 자기 자신을 향한 자비를 키우고, 스스로를 용서하며, 앞으로는 더 잘 할 것을 다짐합니다. 더 잘할 수 있는 방법을 알게 된 지금 이 순간, 우리의 고통은 줄어들기 시작합니다. 죄책감으로 자신을 괴롭히는 대신, 우리는 아버지, 아들, 배우자, 형제자매와 같은 사랑하는 이의 죽음에 대해 솔직하고 열린 마음으로 이야기할 수 있게 됩니다. 이것은 우리가 나른 방식의 삶을 배울 기회입니다. 이미 세상을 떠난 사랑하는 이를 더 이상 도울 수는 없지만, 오늘 우리가 도울 수 있는 수많은 사람이 우리 주변에 있습니다.

우리는 과거라는 감옥에서 스스로를 해방시킬 수 있습니다. 굳은 결심과 강한 서원으로, 도움이 필요한 사람들, 가난한 이들, 아픈 이들, 나이 든 이들, 집이 없는 이들 그리고 학대받은 이들을 돕기 위해 기꺼이 나설 수 있습니다.

강한 감정을
견뎌 내다

(자기돌봄) 사랑하는 이와
새롭게 시작하기 위해
편지를 쓰다

죄책감에서 벗어나기 위해, 세상을 떠난 사랑하는 이에게 사과하고 용서를 구하는 편지를 쓸 수 있습니다. 이런 편지는 사랑의 편지라고 부를 수 있습니다. 물론 이 편지를 실제로 보내지는 않지만, 특별한 곳에 소중히 보관할 수 있습니다. 예를 들어, 사랑하는 이를 위해 만든 제단이나 그들의 사진 옆에 둘 수 있습니다. 그리고 우리 안에 있는 자비와 용서의 씨앗에 물을 주기 위해, 때때로 이 편지를 다시 읽을 수 있습니다. 사랑의 편지를 쓰는 것은 매우 치유적이며, 우리 삶에 변화를 가져올 수 있습니다. 이 편지는 사랑하는 이를 치유할 뿐만 아니라 우리 자신도 치유할 수 있습니다.

편지를 쓰기 위해 충분한 시간을 따로 마련합니다. 글을 쓰기 전에, 자기 자신과 그 관계의 본질을 깊이 들여다보는 시간을 가집니다. 스스로에게 솔직해집니다. 왜 소통이 어려웠을까? 때로는 왜 행복이 불가능했던 것일까? 깊이 바라보며 자신에게 묻습니다. 우리 사이의 어려움에서 내 몫은 무엇이었고, 그 사람의 몫은 무엇이었을까? 그 어려움이 생기게 한 조건들은 무엇이었을까? 당신과 사랑하는 이가 처한 조건 속에서 둘 다 최선을 다하고 있었다는 사실을 볼 수 있는가?

우리가 했던 말이나 행동이 상대에게 깊은 상처를 주었음을 깨닫고 후회나 참회를 느낀다면, 진심으로 사과할 수 있습니다. "나를 용서해 주세요. 내가 했던 말이 매우 상처가 되는 말이었고, 당신에게 큰 고통을 주었음을 알고 있습니다. 내가 했던 말을 깊이 후회하며, 당신이 나를 용서해 주기를 바랍니다. 내가 그런 말을 했던 이유는 내가 고통받고 있었기 때문입니다. 하지만 이제는 상황을 더 분명히 볼 수 있습니다. 앞으로 같은 실수를 반복하지 않도록 최선을 다하겠습니다." 이렇게 참회하는 마음을 표현하는 것은 우리가 느끼는 고통을 덜어주는 데 큰 도움이 될 것입니다.

편지 쓰기 전의 성찰

사랑의 편지를 쓰기 전에 깊이 바라볼 필요가 있습니다. 다음의 사항들을 깊이 그리고 솔직하게 돌아보고, 편지를 쓰기 전에 메모해 봅니다.

사랑하는 이와의 관계에서 자신의 부족했던 점, 잘못했던 행동 그리고 다르게 했더라면 좋았을 것 같은 모든 것들을 인식합니다.

   자신의 긍정적인 면, 잘했던 것, 이를테면 선한 의도, 친절하고 너그러운 생각과 말, 행동을 인식합니다. 이를 목록으로 정리하여 긍정적인 측면과 부족했던 측면의 균형을 맞추도록 노력합니다. 행복했던 순간과 그렇지 못했던 순간들을 대체로 비슷한 비중으로 정리해 봅니다.

   자신을 형성하는 데 영향을 미친 모든 원인과 조건들, 즉 어린 시절, 부모님, 가족 상황, 다녔던 학교 그리고 자신이 성장했던 사회와 문화를 살펴봅니다.

   자신이 주어진 조건에서 최선을 다했다는 사실을 받아들이는 법을 배웁니다. 자신의 불완전함을 받아들이고, 스스로를 용서합니다. 이해와 통찰이 있을 때, 용서는 자연스럽게 일어납니다.

   같은 방식으로 상대방을 깊이 들여다보고, 그 사람의 강점, 약점 그리고 어려움을 봅니다. 이를 통해 더 깊은 이해와 통찰을 얻습니다.

그 사람의 꽃에 물을 줍니다. 그들에게 느끼는 감사와 깊은 인식을 표현합니다. 감사하게 여기는 일과 그 사람의 품성에서 존경하는 점을 구체적인 예를 들어 말합니다.

후회를 표현하고 자신의 부족함과 실수에 대해서 사과합니다. 이때도 마찬가지로 구체적으로 이야기하는 것이 중요합니다.

용서를 구하고, 앞으로 더 잘 하려고 노력할 것을 약속합니다.

이런 편지를 쓸 수 있다면 우리는 큰 안도를 느낄 것입니다. 이는 자신에 대한 사랑과 이해, 자비를 키울 뿐만 아니라 상대방에 대한 사랑과 이해, 자비도 한층 깊어지게 만듭니다. 이렇게 하면 사랑하는 이와 더 깊고, 더 자비롭고 지속적인 연결을 느낄 수 있습니다.

(자기돌봄)

자기 자비를 기르다

　우리가 사랑하는 이들은 세상을 떠난 후에 우리가 고통 속에 머물길 바라지 않습니다. 그들은 우리가 행복하기를 진심으로 원합니다. 그러나 우리는 종종 깊은 슬픔에 사로잡혀, 그 슬픔과 절망이 우리가 잃어버린 사람에 대한 사랑의 깊이를 보여 준다고 믿곤 합니다. 때로는 죄책감, 자책, 후회의 감정으로 스스로를 끊임없이 괴롭히기도 합니다.

　그러나 진정한 질문은 사랑하는 이들이 우리의 잘못

을 용서할 수 있는가가 아니라, 우리가 스스로를 용서할 수 있는가에서 출발합니다. 과연 우리는 자신에게 충분한 자비를 가지고 있을까요? 그 당시 우리가 처한 조건 속에서 최선을 다하고 있었다는 사실을 받아들일 수 있을까요?

스스로를 향한 자비를 기르기 위해, 우리는 자신을 깊이 들여다보고 사랑하는 이와의 관계를 성찰해야 합니다. 모든 것은 서로의 상호작용 속에서 함께 만들어졌습니다. 어떤 상황은 무수한 원인과 조건들로 인해 생겨난 것입니다. 이것이 있으므로 저것이 있다는 것을 볼 수 있을 때, 우리의 마음은 한결 가벼워집니다. 우리가 그 순간에 할 수 있는 최선을 다했고, 지금도 여전히 주어진 조건에 맞게 최선을 다하고 있다는 사실을 이해한다면, 마음의 짐은 줄어듭니다. 자신의 부족함을 받아들이고 스스로를 용서할 수 있게 됩니다.

내면의 아이와 연결되는 것은 자신을 더 깊이 이해

하고, 자신의 부족함을 받아들이며, 자기 자비를 기르는 데 도움이 됩니다. 우리 안에 있는 작고 상처받은 아이는 사랑하는 이를 잃었을 때 깊은 고통을 느낍니다. 이 상실은 우리가 이전에 경험했던 상실과 치유되지 않은 상처들을 건드리고, 우리가 느끼는 고통을 더욱 깊게 합니다. 안내 명상은 내면의 아이와 연결되고, 깊은 이해와 자비를 갖는 데 매우 유용한 수행입니다.

어린아이는 아주 쉽게 상처받습니다. 부모의 지나치게 엄격한 시선, 위협적인 말, 또는 나무라는 한 마디가 우리에게 깊은 상처를 남기고, 수치심을 느끼게 할 수 있습니다. 다섯 살 때의 우리는 상처받기 쉬운 연약한 존재였습니다. 그 시기에 받은 상처와 만들어진 믿음은 여전히 우리 내면의 깊은 곳에 남아 있습니다. 그렇기 때문에 내면의 다섯 살 아이에게 내면의 다섯 살 아이에게 아주 부드럽고, 이해심 깊고, 다정하게 대해야 합니다.

이 명상에서 우리는 집으로 돌아가 내면의 다섯 살 아이, 여전히 깊이 상처받고 있을지도 모르는 그 아이와 연결됩니다. 그 아이는 우리가 오랫동안 방치해 온 존재일 수 있습니다. 자신을 다섯 살 아이로 바라볼 때, 우리 마음속에 자비가 일어납니다.

자신에 대한 자비를 키우고 통찰을 깊게 하기 위해, 우리는 내면의 아이를 만나 그 아이의 이야기에 귀 기울여야 합니다. 내면의 아이를 무시하거나 외면해서는 안 됩니다. 내면의 아이가 가진 상처와 고통을 이해할 때, 자비와 사랑이 자연스럽게 생겨납니다. 사랑은 이해입니다. 우리가 내면의 고통을 마주하고 그것을 인식할 수 있을 때 비로소 그것을 돌보고 변화시킬 기회를 얻을 수 있습니다. 어린 시절의 자신에 대해 명상하는 것은 현재 우리가 겪고 있는 고통에 대한 통찰을 가져다줍니다.

마음챙김으로 숨을 들이쉬고 내쉬며 말합니다.

숨을 들이쉬며, 나 자신을 다섯 살의 아이로 보네.
숨을 내쉬며, 내 안의 다섯 살 아이에게 자비로운
미소를 보내네.

숨을 들이쉬며, 다섯 살의 내가 얼마나 순수하고,
상처받기 쉽고, 연약했는지 보네.
숨을 내쉬며, 상처받은 내면의 아이를 품어 주고
다독이네.

숨을 들이쉬며, 내면의 아이가 여전히 내 안에
살아 있음을 보네.
숨을 내쉬며, 내 안에 있는 아이의 말을 깊이 듣네.

우리가 부모님의 고통을 이해하게 되면, 그들의 부족함을 더 쉽게 받아들일 수 있습니다. 이는 고통의 뿌리를 이해하는 데 도움을 주고, 동시에 우리 자신의 부족함을 더 쉽게 받아들일 수 있게 합니다. 원한다면, 부모님이나 양육자를 어린아이로 상상하며 명상을 이어갈 수 있습니다. 우리와 마찬가지로, 그들도 한때는 어리고, 연약하며, 상처받기 쉬운 존재였습니다. 그들 역시 내면에 여전히 상처와 고통을 간직하고 있을지도 모릅니다.

"숨을 들이쉬며, 나는 내 어머니, 아버지, 양육자를 다섯 살 아이로 보네. 숨을 내쉬며, 그들에게 자비롭게 미소 짓네."

부모님이 어린 시절에 겪었던 고통을 마주할 때, 우리 마음속에 자비가 싹틉니다. 이 자비는 자신을 치유하고, 관계를 치유할 힘을 가지고 있습니다. 자비와 이해가 있을 때, 용서는 자연스럽게 일어날 수 있습니다.

나는 당신을 위해
걷습니다

내 조상들 가운데 많은 분과, 내 세대의 많은 친구가 이미 세상을 떠났습니다. 나의 친한 친구 하나는 휠체어를 사용해야 해서 걷지 못합니다. 또 다른 친구는 무릎이 너무 아파서 계단을 오르내릴 수 없습니다. 그래서 나는 그들을 위해 걷습니다. 숨을 들이쉴 때, 나는 나 자신에게 이렇게 말합니다. "이렇게 여전히 걸을 수 있다는 것은 경이로운 일이다." 이런 자각과 함께, 나는 한 걸음 한 걸음을 온전히 만끽할 수 있습니다. 나는 말합니다. "숨을 들이쉬며, 나는 내가 살아 있음을 아네! 숨을 내쉬며, 삶에 미소 짓네." 마음챙김은 내가 살아 있음을 그리고 내가 걸을 수 있을 만큼 충분히 강하다는 사실을 깨닫고 즐길 수 있도록 일깨워 줍니다.

  때때로 나는 내가 어머니를 위해 걷고 있다거나, 아버지가 나와 함께 걸음을 즐기고 있다고 이야기합니다. 나는 아버지를 위해 걷습니다. 나는 어머니를 위해 걷습니다. 나는 나의 스승을 위해 걷고, 나의 제자들을 위해 걷습니다. 당신의 아버지는 마음챙김과 함께 걷고, 매 순간을 즐기는 법을 배우지 못했을지도 모릅니다. 그렇기 때문에, 이제 당신이 아버지를 위해 걸을 수 있습니다. 이렇게 걸을 때, 당신과 당신의 아버지 모두가 그 혜택을 누리고, 치유를 경험합니다.

강한 감정을
견뎌 내다

고통만으로는
충분하지 않다

 삶은 고통으로 가득할 수 있습니다. 하지만, 푸른 하늘, 따사로운 햇살, 아기의 눈망울처럼, 삶은 또한 경이로움으로도 가득 차 있습니다. 삶에는 고통만 있는 것이 아닙니다. 우리는 삶의 경이로움을 만나는 법을 배울 수 있습니다. 그 경이로움은 우리 안에도, 우리 주변에도 그리고 모든 곳, 모든 순간에 존재합니다.

구름은
결코
죽지 않는다

—

A CLOUD NEVER DIES

자유로운 흰 구름

이제 당신은 자유롭습니다.

속박의 사슬은 더 이상 당신의 진정한 몸을 가두지 못합니다.

당신은 이전처럼 한 조각 흰 구름이 되어

다시 삶 속으로 돌아갑니다.

광활한 하늘 속에서

완전히 자유로운 흰 구름으로.

깊이 보라, 다른 모습 속에서 사랑하는 이를 발견하기 위해

맑고 아름다운 날, 하늘을 올려다보면 솜사탕 같은 흰 구름이 떠가는 모습을 볼 수 있습니다.

당신은 그 광경을 바라보며, 빛이 구름의 굴곡마다 스며드는 모습과 초록 들판 위에 드리운 부드러운 그림자에 감탄합니다. 당신은 이 구름과 사랑에 빠집니다. 구름이 당신 곁에 머물러 계속해서 당신을 행복하게 해 주기를 바랍니다. 하지만 이내 구름의 모양과 색깔이 변하기 시작합니다. 하늘은 어두워지고, 비가 내

구름은 결코
죽지 않는다

리기 시작합니다. 구름은 더 이상 보이지 않습니다. 그것은 비가 되었습니다. 당신은 사랑하던 구름이 돌아오길 바라며 눈물을 흘립니다.

하지만 구름이 비로 변할 때, 비를 깊이 들여다보면 그 구름이 여전히 그곳에 있음을 발견할 수 있습니다. 구름은 당신에게 웃으며, 미소 짓고 있습니다.

모든 것이 변할 뿐,
아무것도 죽지 않습니다.

구름은 하늘에 나타나기 전에 이미 다른 형태로 존재하고 있었습니다. 그것은 안개일 수도, 바다일 수도, 비나 강일 수도 있었습니다. 구름의 본성을 깊이 들여다보면, 구름은 결코 죽을 수 없다는 것을 깨닫게 됩니다. 그것은 존재에서 비존재로 사라질 수 없습니다. 구름은 비나 눈, 얼음으로 변할 수 있지만, 결코 무無가 될 수는 없습니다. 그러니 하늘이 맑아졌다고 해서 당신의 구름이 죽었다는 의미는 아닙니다. 구름은 여전히 다른 모습으로 존재합니다.

사랑하는 이가 어떻게 죽을 수 있겠습니까? 모든 것은 다른 모든 것에 의존하여 일어납니다. 거기에는 시작도 없고 끝도 없습니다. 그 어떤 것도 생성되거나 소멸되지 않습니다. 이것은 우주의 진리입니다. 우리가 지금 이 모습으로 존재하기 위해 수십억, 수조 개의 조건들이 함께 모였습니다. 그리고 다른 조건들이 일어나면, 우리는 또 다른 모습으로 드러날 것입니다.

형태에 사로잡히지 않습니다. 모습相에 얽매이지 않습니다. '무상無相, signlessness의 눈'으로 바라보는 법을 배우고, 당신의 구름이 비로, 강물로 그리고 당신이 마시는 차 속에서 새로운 모습으로 존재하는 것을 보십시오.

사랑하는 이를 잃고 많은 눈물을 흘렸다면, 부디 깊이 바라보십시오. 그리고 당신이 사랑했던 이의 진정한 본성은 태어남도 죽음도 없고, 오고 감도 없는 것임을 인식합니다.

행복을 느끼도록
스스로에게 허락하다

　우리는 모든 고통이 끝나기를 기다리지 않아도 현재에 깃든 행복을 느낄 수 있습니다. 하지만 그 행복을 알아차리기 위해서 행복에 대한 고정된 생각을 바꾸어야 할지도 모릅니다. 행복에 대한 고정관념이 오히려 진정한 행복을 가로막는 걸림돌이 될 수 있기 때문입니다.

　연꽃은 진흙 없이는 자랄 수 없습니다. 대리석 위에서는 연꽃이 피어날 수 없는 것과 같습니다. 고통 없이는 행복도 가능하지 않습니다. 그러므로 고통을 다루는 방법을 알면, 고통은 더 이상 당신을 괴롭히지 않을 것입니다. 오히려 그 고통 속에서 행복이라는 연꽃이 피어날 수 있습니다.

우리는 고통을 자양으로 삼아 행복과 이해 그리고 사랑을 만들어 낼 수 있습니다. 고통을 온전히 끌어안고 깊이 바라보면, 그 고통을 더 잘 이해할 수 있습니다. 그리고 다른 이들의 고통도 더 잘 이해할 수 있게 됩니다. 이러한 이해에서 자비와 용서가 싹틉니다. 이해와 사랑은 행복의 토대입니다. 고통을 끌어안고, 그것을 이해하며 보살필 때, 우리 안에서 사랑과 자비가 생겨날 것입니다.

그래서 우리는 행복과 고통이 동전의 양면임을 깨닫습니다. 이 둘은 서로 의존하여 존재하며, 하나 없이는 다른 하나를 가질 수 없습니다.

〔자기돌봄〕 회복을 가져오는
깊은 이완

　넘어질 때 우리는 몸의 고통을 느낍니다. 슬프거나 불안할 때는 정서적 고통이라고 부릅니다. 그러나 몸과 마음은 분리되어 있지 않으며, 고통은 단순한 감정 이상의 것입니다. 특히 갑작스럽게 일어나거나, 트라우마를 동반한 깊은 상실을 겪을 경우, 그 충격은 우리 몸에 고스란히 남아 있을 수 있습니다. 그래서 모든 근육과 세포 속에 고통을 지니고 있을지도 모릅니다. 깊은 이완의 수행은 이러한 몸과 마음의 고통을 인정하고 다독이는 방법입니다. 이 과정에서 우리는 오롯이 자신을 위해 존재하는 시간을 갖고 자신에게 부드러움과 사랑 그리고 보살핌을 선물합니다.

깊은 이완은 몸의 호흡을 관찰하는 것으로 시작됩니다. 이완은 앉아서 할 수도 있고, 바닥에 누워서 할 수도 있습니다. 바닥에 누워 있으면 중력의 부드러운 힘과 우리 밑에 있는 땅에 몸을 맡기면서 몸의 여러 부분을 더 쉽게 느낄 수 있습니다. 몸이 약하다고 느낄 때, 상처받거나 충격으로 무감각해졌을 때, 바닥에 누워 있으면 땅의 힘과 단단함 그리고 진정과 치유의 에너지와 연결되는 데 도움이 됩니다.

깊이 이완하는 방법

편안하게 등을 바닥에 대고 누워 다리와 팔을 쭉 자연스럽게 뻗습니다. 공기가 몸 안팎으로 움직이는 것을 알아차립니다. 복부가 부드럽게 올라가고 내려가는 감각을 느낍니다. 숨을 내쉴 때마다 조금 더 깊이 이완하고, 붙들고 있던 긴장을 서서히 내려놓습니다. 몸과 바닥이 닿는 모든 지점을 알아차립니다.

이제 자각이 머리로 향하게 합니다. 머리의 무게를 느껴보고, 머리가 부드럽게 땅속으로 가라앉는다고 상상합니다. 숨을 내쉬며 머리를 이완합니다. 자각을 천천히 눈으로 옮깁니다. 마음속으로 다음과 같이 되뇌어 봅니다. "숨을 들이쉬며 내 눈을 알아차립니다. 숨을 내쉬며 감사와 사랑으로 내 눈에 미소를 보냅니다." 시력이 아무리 나빠도, 두 눈으로 파란 하늘, 석양, 푸르른 나무, 사랑하는 사람들의 얼굴과 같은 온갖 색과 형태를 경험할 수 있다는 사실에 감사함을 느낍니다. 이 감사의 마음이 치유의 에너지를 일으키며 내 안에 부드럽게 퍼져나가는 것을 느낍니다.

구름은 결코
죽지 않는다

그다음 자각이 코, 입, 목, 어깨, 등, 발가락까지 천천히 아래로 향하게 합니다. 엑스레이처럼 몸을 들여다보는 것이 아니라, 마음챙김의 부드러운 빛으로 몸을 살펴보는 것입니다. 몸 전체를 주의 깊게 살피며, 각 부분과 기관에 자각을 가져오고 그곳에 편안함과 치유, 사랑의 에너지를 보냅니다. 그러고 나서 마음속으로 속삭이듯 이렇게 말합니다. "숨을 들이쉬며 나는 내 심장을 알아차립니다. 숨을 내쉬며 나는 사랑과 자비로 심장에 미소를 짓습니다. 나는 내 심장에 사랑과 치유의 에너지를 보내며, 나에게 심장이 있다는 것에 감사를 느낍니다. 내 심장은 밤낮으로 고동치며 나를 살아있게 합니다. 비록 내 심장이 아프거나 예전처럼 잘 작동하지 않더라도, 심장이 있다는 사실에 깊이 감사합니다. 과거에 내가 당신을 함부로 대했던 여러 모습과 당신의 말에 귀 기울이지 않았던 많은 순간을 진심으로 사과합니다. 나는 종종 내게 심장이 있다는 사실을 잊고, 당신을 당연하게 여겼습니다. 그러나 이제부터는 당신을 잘 보살피겠다고 약속합니다. 나를 위해 늘 곁에 있어 줘서 고맙습니다."

계속해서 몸의 모든 부분을 같은 방식으로 차례로 살펴봅니다. 모든 세포에 미소를 보내며 긴장을 부드럽게 풀어냅니다. 사랑과 감사가 당신을 다독이고 치유하게 합니다. 그러고 나면 회복과 평화를 느낄 것입니다. 다시 일어났을 때, 마음챙김의 부드럽고 평온한 에너지가 가능한 한 오래도록 당신 안에서 머물도록 합니다. 이것을 매일 수행하고 부드러운 치유와 변화를 경험합니다.

궁극에 접촉하다

언젠가 나는 마른 나뭇잎을 밟으려던 순간, 궁극적 실재의 차원에서 그 나뭇잎을 바라보았습니다. 마른 나뭇잎은 죽은 것이 아니라, 촉촉한 흙과 어우러져 이듬해 봄에 나무에서 새잎으로 돋아날 준비를 하고 있었습니다. 저는 나뭇잎을 보고 미소 지으며 "가장하고 있구나"라고 말했습니다.

모든 것은 태어나는 척, 죽는 척을 하고 있습니다. 조건이 충분할 때, 모습이 드러나 우리는 그것이 존재한다고 말합니다. 조건이 충분하지 않을 때면 우리는 지각知覺할 수 없고, 그것이 존재하지 않는다고 말합니다. 하지만 우리가 죽음이라고 부르는 그날은, 사실 무수히 많은 다른 모습으로 계속 이어지는 날입니다. 궁극적인 차원에서 사랑하는 사람과 연결되는 방법을 알게 된다면, 그들은 언제나 당신과 함께하며, 당신 안에 살아 있을 것입니다. 이것은 깊은 수행이므로 누군가를 잃었을 때 우리의 고통을 덜어줄 수 있습니다.

당신과 당신이 사랑하는 사람은
결코 분리되지 않는다

꽃을 자세히 들여다보면, 수많은 다양한 요소들로 이루어져 있음을 알 수 있습니다. 사실, 꽃은 꽃이 아닌 것들로 이루어져 있습니다. 한 송이 꽃 안에서 우주 전체를 발견할 수 있습니다. 꽃이 자라나는 데 필요한 햇빛, 비, 흙, 씨앗, 정원사의 손길까지 모두 볼 수 있기 때문입니다. 이 가운데 어느 하나라도 없다면, 꽃은 존재할 수 없습니다. 꽃은 독립적으로 존재하는 것이 아니라 모든 것과 뗄 수 없이 깊이 연결되어 존재합니다.

꽃과 마찬가지로 우리도 우리 자신이 아닌 요소들로 이루어져 있습니다. 우리는 비, 태양, 땅, 부모님, 사회 등 수많은 요소의 결합으로 존재합니다. 이 자아 바깥의 요소들 가운데 하나라도 없으면 우리는 존재하지 않을 것입니다. 그리고 꽃처럼, 우리 역시 다른 모든 존재, 우주 전체와 깊이 연결되어 있습니다. 우리는 결코 혼자 존재할 수 없습니다. 다른 모든 존재와 서로 연결되어 존재해야 합니다. 아무것도 홀로 존재하지 않으며, 모든 것은 서로 연결되어 존재합니다.

**구름은 결코
죽지 않는다**

당신이 사랑하는 이는
언제나 당신과 함께합니다

현재의 순간에 온전히 존재하며 그 순간을 깊이 만나면, 내가 누구인지에 대한 깊은 통찰을 얻을 수 있습니다. 나 자신과 진정으로 연결될 때, 나는 내가 단지 나만이 아니라는 것을 깨닫습니다. 나는 태양이고, 구름이며, 땅이고, 강이며, 산이고, 다람쥐고, 나무라는 것을 발견합니다. 모든 것은 다른 모든 것 안에 있습니다. 다람쥐가 없었다면, 산이 없었다면, 구름이 없었다면, 내가 과연 여기 있을 수 있었을까요? 만약 내 안에서

산을 없애 버린다면, 나는 더 이상 존재하지 않을 것입니다. 내게서 구름을 없앤다면, 나 또한 여기에 있을 수 없습니다. 왜냐하면 나는 이 모든 것이기 때문입니다.

나는 구름이고, 다람쥐이며, 사슴이고, 산입니다. 나는 내가 사랑하는 사람입니다. 당신은 내 안에서 내 사랑하는 사람을 빼앗을 수 없습니다. 이것이 바로 내가 현재의 순간에 깊이 닿을 때 얻는 **상호존재**의 통찰입니다. 하나에 접촉하면 모든 것과 연결됩니다.

만약 자신을 나뭇잎으로, 꽃으로, 하늘의 아름다운 구름으로 볼 수 있다면, 당신은 태어난 적도 없고, 어디에서 온 것도 아니며, 결코 죽지 않을 것임을 자연스럽게 이해할 수 있을 것입니다. 그리고 당신은 사랑하는 사람 없이는 결코 존재할 수 없습니다.

비가 내릴 때,
우리는 햇빛이 없다고 생각합니다.

구름은 결코
죽지 않는다

그러나 구름 위에는 여전히,

태양이 푸른 하늘 속에서 밝게 빛나고 있습니다.

현실의 상대적 차원, 궁극적 차원

역사적 차원의 세계에서는 출생증명서와 사망증명서가 존재합니다. 사랑하는 사람이 세상을 떠나는 날, 우리는 깊은 고통을 느낍니다. 그러나 누군가 곁에 앉아 걱정해 준다면 어느 정도 안도를 느낄 수 있습니다.

당신에게는 그들의 우정, 지지, 잡을 수 있는 따뜻한 손이 있습니다. 이것은 파도의 세계입니다. 파도는 태어남과 죽음, 오르막과 내리막, 존재와 비존재의 특징을 가지고 있습니다.

**구름은 결코
죽지 않는다**

파도에는 시작과 끝이 있지만, 물에는 이러한 특성이 있다고 할 수 없습니다. 물의 세계에는 태어남도 죽음도, 존재도 비존재도, 시작도 끝도 없습니다. 물과 연결될 때 우리는 궁극적인 차원의 현실과 연결되고 이 모든 개념으로부터 자유로워집니다.

가장 깊은 위안

　명상은 삶의 매 순간을 깊이 살아가는 것입니다. 명상을 통해 우리는 파도가 물로 이루어져 있으며, 현실의 역사적 차원과 궁극적 차원이 하나임을 깨닫게 됩니다. 우리는 파도의 세계 속에 살더라도, 파도가 결국 물일 뿐이라는 것을 알고 물과 연결될 수 있습니다. 오직 파도에만 접촉하면 우리는 고통을 느낄 수밖에 없습니다. 그러나 물과 연결되는 법을 배우면, 그 안에서 깊은 안도를 경험하게 됩니다.

구름은 결코
죽지 않는다

우리는 역사적 차원에서 안도를 찾으며 수행의 길에 들어섭니다. 몸과 마음을 평온하게 하고, 고요함과 새로움 그리고 견고함을 가꾸어 갑니다. 자애와 집중, 화를 변화시키는 수행을 통해 어느 정도의 안도를 경험할 수 있습니다. 나아가 현실의 궁극적인 차원에 연결될 때, 우리는 가장 깊은 안도를 얻습니다. 우리 각자는 열반과 연결되어 태어남과 죽음, 하나와 여럿, 오고 감이라는 생각으로부터 자유로워질 수 있는 능력을 갖추고 있습니다.

(자기돌봄) 대지에
접촉하다

고대로부터 전해 내려오는 수많은 영적 전통에는 땅에 엎드리거나 대지에 접촉하는 수행이 있습니다. 그것은 존경과 겸손을 표현하고, 위안을 얻으며, 우리 자신과 대지에 다시 연결되기 위한 것입니다. 어떤 사람들에게는 이런 대지와의 접촉이 헌신의 행위로 여겨질 수 있지만, 반드시 그것만을 의미하지는 않습니다. 대지에 접촉하는 것은 깊은 순응의 행위입니다. 우리는 땅에서 왔고 결국 땅으로 돌아갈 존재입니다. 그래서

**구름은 결코
죽지 않는다**

땅에 엎드리거나 누워서 모든 것을 대지에 맡깁니다.

그 순간, 우리는 우리 자신을 온전히 맡기며 모든 고통과 슬픔을 내려놓습니다. 무엇보다도, 분리된 자아라는 개념을 놓아버립니다. 대지는 자신에게 오는 모든 것을 아무런 차별 없이 받아들이고 변화시킵니다. 대지의 품 안에서 우리는 치유와 청정의 에너지를 받아들일 수 있습니다. 대지의 자비로운 온기가 우리의 마음 깊은 곳까지 스며듭니다. 우리는 대지의 단단함, 재생과 창조, 치유의 강인한 에너지를 받습니다.

우리는 대지가 어떻게 오물과 쓰레기, 거름을 아름다운 꽃으로 변화시키는지 이미 수없이 보았습니다. 우리는 우리에게도 이런 능력이 있다는 것을 압니다. 대지는 우리를 끌어안으며, 우리가 고통과 절망을 변화시킬 수 있도록 돕습니다.

대지에 접촉하는 법

 우리가 어디에 있든, 명상 공간이든, 집의 고요한 공간이든, 제단 앞이든, 또는 자연 속 평화로운 곳이든, 바닥에 누워 대지가 지닌 강인함, 안정감 그리고 인내의 에너지를 받아들일 수 있습니다. 엎드린 자세로, 이마를 바닥에 대고 무릎을 꿇은 채, 팔을 앞으로 뻗은 자세를 취할 수 있습니다. 이는 요가의 아기 자세와 비슷합니다. 또는 원한다면 얼굴을 땅에 대고 몸을 쭉 뻗어 누워도 좋습니다. 대지에 접촉할 때, 부드럽게 호흡에 집중하며 몸과 연결되고, 우리 존재에 깃든 동물, 식물, 광물의 조상들 그리고 우리 아래 넓게 펼쳐진 대지와 깊이 연결됩니다. 우리는 모든 슬픔과 두려움, 걱정을 흘려보내고 몸과 마음에 있는 모든 긴장을 내려놓습니다. 그리고 열린 마음과 받아들이는 태도를 간직합니다. 우리는 대지가 우리의 고통과 부정적인 감정에 반응하거나 판단하지 않고 그대로 흡수할 수 있다는 것을 압니다. 이를 통해 우리는 내면에 있는 고통스럽고 힘겨운 것들을 변화시킬 수 있습니다. 이 수행을 하면서 자신과의 관계, 대지와의 관계를 새롭게 일구며, 그 과정에서 균형과 온전함, 평화를 회복합니다.

침묵 속에서 대지와 접촉하며, 최소한 세 번 길고 깊게 숨을 들이쉬고 내쉬는 동안 그 자세를 유지합니다. 대지와 함께 머무는 시간이 길어질수록, 긴장과 고통, 괴로움을 내려놓고 완전히 맡기며 평화 속에 깃드는 것이 점점 더 쉬워질 것입니다.

대지에 접촉하며 조상을 부르다

큰 고통의 순간에 우리는 우리 안에 깃든 대지, 정신적 조상, 혈연적 조상의 흐름을 불러 그들의 지지를 구할 수 있습니다.

　대지에 누워 손바닥을 위로 향한 내맡김의 자세를 취하며, 한 손은 어머니를, 다른 한 손은 아버지를 상징한다고 상상합니다. 이것은 단순한 상상이 아닙니다. 실제로 당신의 손은 어머니의 손이자 아버지의 손이며, 할아버지 등의 손이기도 합니다. 깊이 들여다보면 이것을 분명히 볼 수 있습니다. 당신의 손은 당신만의 것이 아닙니다. 그것은 모든 조상으로부터 당신에게 전해 내려온 것입니다.

　이제 어머니와 아버지의 모든 긍정적인 자질, 그들의 지혜와 힘, 기술과 재능, 자비를 떠올리며, 그 자질들이 당신 안에 살아 있음을 느낍니다. 그들의 약점과 부족한 점도 생각해 봅니다. 그것들 또한 당신의 한 부분임을 인정하고, 그 모든 것을 대지에 내려놓아 변화하도록 맡깁니다. 부모님과 조상들의 긍정적인 자질로부터 힘을 얻고, 자양을 얻으며 위로받게 합니다. 그리고 당신과 그들의 고통을 대지에 내려놓습니다.

일어나 앉아 두 손을 깊이 들여다보며, 그 안에서 부모님과 조부모님의 손을 발견합니다. 두 손바닥을 마주하여 당신 안에 깃든 부모님의 자질을 하나로 모읍니다. 그런 다음, 손으로 얼굴을 감싸거나 심장 위로 팔을 교차해서 스스로를 안아줍니다. 어머니와 아버지, 할머니와 할아버지, 모든 조상이 당신을 보듬고 지지하고 있는 것을 느낍니다. 그들에게 안겨 위로받도록 스스로에게 허락합니다.

재에서
재로 돌아가다

인간이 '재에서 재로, 흙에서 흙으로' 돌아간다고 말할 때, 이는 그리 기쁘거나 위로가 되는 말로 들리지 않을 수 있습니다. 누구도 자신이 흙에서 오거나 흙으로 돌아가는 것을 원하지 않기 때문입니다. 하지만 그것은 우리의 분별하는 마음이 그렇게 생각하도록 만드는 것입니다. 그 이유는 우리가 흙이 진정으로 무엇인지 알지 못하기 때문입니다. 과학자들에게는 흙 한 톨도 믿을 수 없을 만큼 흥미로운 것입니다. 모든 원자는 광

대한 신비를 품고 있으며 우리는 여전히 원자, 전자, 핵을 완전히 이해하지 못하고 있습니다. 흙 한 톨조차도 경이로움 그 자체입니다.

우리는
생명입니다

우리는 자신을 육체와 동일시하는 습관이 있습니다. 내가 이 몸이라는 생각은 우리 안에 깊이 자리 잡고 있습니다. 하지만 우리가 사랑하는 사람은 단지 그들의 몸이 아니며, 그것을 훨씬 넘어서는 존재입니다. 20세기 프랑스 철학자 장 폴 사르트르는 "인간은 그의 행위의 총합이다 L'homme est la somme de ses actes"라고 말했습니다. 우리는 우리 행위의 총합입니다. 이것이 바로 카르마Karma가 의미하는 바이며, 카르마는 곧 행위입니다.

우리의 생각, 말, 몸의 행위는 우리의 카르마입니다. 우리는 이 세 가지 행위의 총합이며, 이 세 가지 행위는 우리를 미래로 이어줄 뿐 아니라 우리가 살아 있는 동안에도 매 순간 타인과 세상에 영향을 미칩니다. 이것이야말로 우리의 진정한 유산입니다.

"이 몸이 나이고, 내가 이 몸이다"라는 믿음은 우리가 내려놓아야만 하는 것입니다. 이 믿음을 내려놓지 못한다면, 우리는 많은 고통을 겪게 될 것입니다. 우리는 생명이며, 생명은 이 몸, 이 개념, 이 마음보다 훨씬 더 광대합니다.

우리는
수명에 갇히지 않는다

    대부분의 사람들은 우리가 이 지구에서 70년, 80년, 90년, 혹은 100년을 살다가 사라질 것이라고 믿습니다. 그러나 깊이 들여다보면, 이것이 잘못된 인식임을 알 수 있습니다.

    당신의 수명은 70년, 80년, 혹은 100년에 제한되지 않으며, 그것은 좋은 소식입니다. 당신의 몸은 당신 자신이 아닙니다. 당신은 이 몸의 경계를 훨씬 넘어서는 존재이며, 그 어떤 한계도 없는 생명입니다.

**구름은 결코
죽지 않는다**

살아 있는 동안에도 우리는 결코 자신의 몸에 갇혀 있는 존재가 아닙니다. 우리는 조상, 후손 그리고 우주 전체와 깊이 서로 의지하며 **상호존재**합니다. 우리는 분리된 자아를 가진 독립된 존재가 아니라, 모든 생명과 긴밀히 연결된 존재입니다. 또한, 우리와 모든 것은 끊임없이 변화합니다.

죽음이
삶을 가능하게 한다

    삶은 죽음으로 이루어져 있고, 죽음은 삶으로 이루어져 있습니다. 우리는 죽음을 받아들여야 합니다. 죽음이 삶을 가능하게 하기 때문입니다. 우리 몸의 세포들은 매일 죽어 가지만, 우리는 그 세포들을 위해 장례식을 치러야 한다고 생각하지 않습니다. 한 세포의 죽음이 또 다른 세포의 탄생을 가져오듯, 삶과 죽음은 서로 분리된 것이 아니라 하나의 실재를 이루는 두 가지의 측면일 뿐입니다.

이러한 깊은 통찰을 통해 우리는 두려움, 분노, 절망에서 벗어날 수 있습니다.

구름은 결코 죽지 않는다

 죽음은 우리 마음속에서 무언가가 아무것도 아닌 것이 되고, 누군가가 아무도 아닌 존재가 되는 것을 의미합니다. 그러나 깊이 들여다보면, 실재는 전혀 다릅니다. 구름은 아무것도 아닌 것에서 생겨나는 것이 아닙니다. 구름은 강, 호수, 바다의 물과 햇빛의 열기에서 비롯되었습니다. 이와 마찬가지로, 우리는 태어남이란 아무것도 아닌 것에서 무언가가 되고, 아무도 아닌 존재가 갑자기 누군가가 되는 것이라고 믿곤 합니다. 하지만 당신은 무無에서 온 것이 아니며, 죽는 순간에도 아무것도 아닌 것이 될 수 없습니다. 구름과 마찬가지로, 당신과 당신이 사랑하는 이의 본성은 태어남도 죽음도 없는 무한한 본성입니다.

당신이 태어남도 없고 죽음도 없는 참된 본성에 눈뜨게 된다면, 죽음을 평화롭게 받아들일 수 있습니다. 땅에 떨어진 빗방울은 금세 사라집니다. 하지만 빗방울은 땅속으로 스며들어, 눈에 보이지 않더라도 여전히 존재합니다. 증발해도, 여전히 공기 중에 있습니다. 그것은 단지 수증기로 변한 것입니다. 더 이상 물방울이 보이지 않는다고 해서, 그것이 존재하지 않는다는 의미는 아닙니다. 구름은 비, 눈, 얼음으로 변할 수 있지만, 결코 아무것도 아닌 것이 되지는 않습니다. 구름은 결코 죽지 않습니다.

우리의
참된 본성

 사랑하는 이를 잃은 사람이라면 누구나 슬픔이 무엇인지를 압니다. 하지만 온갖 차별적인 모습에 갇히지 않는 무상의 눈으로 바라보는 법을 배운다면, 사랑하는 이의 형상에 갇히지 않는다면, 비탄과 슬픔을 넘어설 수 있습니다. 당신은 형상과 모습의 경계를 초월할 수 있는 능력을 지니고 있으며, 어떤 것도 태어나거나 죽지 않는다는 것을 이해할 수 있습니다. 세상에는 오직 변화만이 있을 뿐입니다. 모든 것은 새로운 형상으로 이어지며, 당신 역시 그러합니다. 당신의 본성은 불멸의 본성입니다.

　태어남과 죽음이라는 개념이 사라지는 순간,
　진정한 삶이 시작되네.

죽음은 존재의 끝을
의미하지 않는다

18세기 프랑스 과학자 앙투안 라부아지에는 이런 유명한 선언을 남겼습니다.

"아무것도 새롭게 생겨나지 않고, 아무것도 완전히 사라지지 않는다. 모든 것은 변한다 Rien ne se crée, rien ne se perd; tout se transforme" 물질은 에너지로 바뀔 수 있고, 에너지는 물질로 변할 수 있지만, 우리는 그 어느 것도 새롭게 만들어 내거나 없앨 수 없습니다. 이와 마찬가지로, 사랑하는 이는 단지 다른 모습으로 변했을 뿐입니다. 우리는 사랑하는 이를 모든 것에서, 구름 속에서, 아이 속에서, 바람 속에서 볼 수 있습니다.

미소를 지으며 이렇게 말할 수 있습니다. "사랑하는 이여, 당신이 바로 내 곁에 가까이 있다는 것을 압니다. 당신의 본성이 태어남도 없고 죽음도 없는 본성임을 압니다. 나는 당신을 잃지 않았다는 것을 알고 있습니다. 당신은 언제나 나와 함께 있습니다."

깊이 들여다보면, 당신은 일상의 모든 순간 속에서 사랑하는 이를 볼 수 있습니다. 그들의 참된 본성은 태어남도 없고 죽음도 없으며, 도착함도 없고 떠남도 없는 본성입니다.

우리의 생각과 말, 행동은 계속된다

　우리가 세상에 보내는 생각과 감정은 강력한 영향을 미칩니다. 우리가 만들어 내는 모든 생각과 감정, 우리가 하는 모든 말과 행동은 하나의 행위로서 존재합니다. 이러한 행위는 사라지지 않으며, 영원히 계속됩니다. 다만 구름처럼 모습을 바꿀 뿐입니다.

　그러므로 이 몸이 해체되는 것은 결코 끝이 아닙니다. 이 몸은 당신의 아주 작은 일부에 불과합니다. 매일 당신이 만들어 내는 생각, 말, 행동은 이미 세상에 퍼져

구름은 결코
죽지 않는다

나가며, 그것을 되돌리거나 없앨 수는 없습니다. 그것은 수증기가 구름이 되는 과정을 우리가 직접 볼 수 없지만, 수증기가 여전히 존재하는 것과 같습니다. 그러므로 자신의 몸을 볼 때, 이것이 단지 당신의 작은 일부일 뿐이라는 점을 기억해야 합니다. 당신의 더 큰 부분은 이미 바깥에 존재하고 있습니다.

우리는 이 몸이 완전히 해체되기를 기다리지 않아도 다른 사람들 속에서 우리 자신을 발견할 수 있습니다. 마치 구름이 완전히 비로 변하기 전에, 자신의 일부가 이미 강물의 형태로 지구에 흐르고 있다는 것을, 또 일부는 여전히 비로 내리고 있으며, 일부는 여전히 하늘에 구름으로 머물러 있다는 것을 볼 수 있듯이 말입니다. 구름은 강물과 빗속의 자신을 내려다보고 미소 지으며 이렇게 말할 것입니다. "당신의 여정을 즐기세요! 나도 곧 당신과 함께할게요."

우리의 생각, 말, 행동의 열매는 이 몸이 해체된 이후에도 계속 이어지는 것입니다. 그것들은 우리의 흔적을 세상에 남깁니다. 사랑하는 이의 몸이 해체될 때에도, 그들을 지속시키는 것은 바로 이러한 흔적입니다. 그들이 말하고, 생각하고, 행동했던 모든 것은 다른 사람들과 세상에 영향을 미쳤고 다양한 형태로 계속 이어져 갑니다. 사랑하는 이의 깊은 염원, 그들의 믿음, 생각, 말, 행동은 셀 수 없이 많은 새롭고 경이로운 모습으로 나타날 것입니다. 그리고 바로 그곳에서 그들을 발견할 수 있습니다.

(자기돌봄) **내 안에서,
다른 사람 속에서
사랑하는 이를 바라보다**

 사랑하는 이가 생전에 알고 지냈던 모든 사람을 떠올려 봅니다. 그들의 친구, 가족(자녀, 부모, 형제자매), 함께 일했던 사람들, 함께 수학했던 사람들을 포함하여, 그들의 수많은 관계를 정리해 목록을 만들거나 연결을 그림으로 표현해 봅니다. 그리고 이 사람들 속에, 당신 자신 속에 여전히 살아 있는, 그 사랑하는 이를 보기 위해 깊이 들여다봅니다.
 가능하다면, 이 사람들 가운데 몇몇과 대화를 나눠

봅니다. 그들에게 사랑하는 이에 대한 이야기를 들려 달라고 부탁합니다. 그들에게 가장 기억에 남는 일화나, 사랑하는 이에 대해 소중히 여기는 점이 무엇인지 물어봅니다. 이러한 대화는 당신과 상대방 모두에게 자양을 주고 치유를 가져옵니다. 사랑하는 이가 그리울 때마다, 그들을 잘 알고 지냈던 사람과 대화를 나누어 봅니다.

사랑하는 이에게서 어떤 생각을 물려받았는지 떠올려 봅니다. 그들이 했던 일과 이뤄낸 프로젝트, 선한 행위를 기억해 봅니다. 그들이 세상을 변화시킨 모든 방법을 기억합니다. 그것이 얼마나 크든 작든 상관없습니다. 종종 우리를 가장 깊이 감동시키는 것은 작은 것들입니다.

※ ※ ※

가끔 우리는 사랑하는 이가 어떤 일에 대해 어떻게

느낄지 정확히 알고 있습니다. 그들이 이 음식이나 음료를 좋아할지, 이 책이나 영화를 즐길지, 이 풍경이나 사람, 혹은 활동에 어떤 반응을 보일지 말입니다. 사랑하는 이와의 열린 대화를 계속 이어 갑니다. 당신이 먹는 음식의 맛에 대해 그들이 좋아할지 물어볼 수 있습니다. "여기나 저기에 나와 함께 가고 싶어 할까?"라고 상상해 보는 것도 좋습니다. 이는 사랑하는 이와의 연결을 지속시키는 방법입니다. 또한 중요한 결정을 내릴 때 그들의 의견을 물어볼 수도 있습니다. 그들이 좋은 조언을 해 줄 것임을 발견하고 놀랄지도 모릅니다.

사랑하는 이가 당신에게 해 준 가장 기억에 남는 말은 무엇인가요? 그들이 보여 준 가장 친절한 순간, 가장 너그러웠던 행동, 가장 용감했거나 가장 모험적이었던 일은 무엇인가요?

가끔 우리는 사랑하는 이가 생전에 큰 고통을 겪었다고 믿으며, 그로 인해 슬픔에서 벗어나지 못합니다. 그것이 사실일 수도 있지만, 그들의 삶 전체가 오직 고통으로만 이루어져 있지는 않았습니다. 사랑하는 이에게도 고통이 없었던 순간이 있었고, 행복하고 건강하며 삶을 즐기던 시간들이 분명히 있었습니다. 우리는 이러한 기억들을 떠올리며 더 균형 잡힌 시각을 가질 필요가 있습니다. 사랑하는 이가 행복했던 순간들, 기뻐했던 순간들, 웃으며 즐거워했던 모든 순간을 기억해 봅니다. 이것을 더 많이 되돌아볼수록 더 많은 행복한 순간들이 마음속에 떠오를 것입니다. 이런 기억은 큰 위안을 가져올 수 있습니다.

삶의
경이로움을 만나다

혼자 있는 시간이 주어질 때, 그 시간을 활용해 자기 자신에게 돌아가고 삶의 경이로움을 만날 수 있습니다. 과거나 미래에 사로잡히거나 현재의 산만함이나 강렬한 감정에 휩쓸리지 않고, 호흡에 주의를 기울이며 지금 이 순간으로 돌아옵니다.

우리는 하루 종일 숨을 쉬고 있지만, 숨을 들이쉬고 내쉬고 있다는 사실을 의식하지 못할 때가 많습니다. "숨을 들이쉬며, 내가 살아 있음을 압니다. 숨을 내쉬며, 삶에 미소 짓습니다." 이것은 매우 단순한 수행입니다. 들숨과 날숨에 깃들어 마음챙김으로 숨을 쉴 수 있다면, 지금 이 순간에 온전히 살아 있게 됩니다.

우리의 일상적인 삶 속에서 몸은 여기에 있지만, 마음은 걱정과 불안에 사로잡혀 다른 곳에 머물러 있을 수 있습니다. 그러나 삶은 오직 지금 이 순간에만 존재합니다. 과거는 이미 지나갔고, 미래는 아직 오지 않았습니다. 현재의 순간에 머무를 수 있다면, 우리는 삶을 깊이 살 수 있습니다. 그리고 우리 안과 주변에 항상 존재하는 치유와 새로움, 자양을 주는 요소들과 연결될 수 있습니다.

삶의 모든 순간은 소중한 보석들로 가득 차 있습니다. 우리의 숨, 몸, 감정뿐만 아니라 대지, 하늘, 나무, 강, 바다, 새와 같은 동물들까지, 우리 안팎에 존재하는 모든 기적이 바로 그 보석들입니다.

삶에 대한 감사

당신 안에 있는 고통의 씨앗이 지금은 강하게 느껴질 수도 있습니다. 하지만 스스로에게 행복을 허락하기 위해 고통이 모두 사라지기를 기다릴 필요는 없습니다.

행복을 경험하기 위해 10년을 기다리지 않아도 됩니다. 행복은 이미 당신의 일상 속 모든 순간에 존재합니다. 지금 이 순간, 당신이 만날 수 있는 행복의 조건들을 인식하기만 하면 됩니다.

많은 사람들은 살아 있으면서도 살아 있다는 사실에 감사하지 못합니다. 하지만 숨을 들이쉴 때, 그 들숨을 자각하고, 살아 있음의 기적을 만날 수 있습니다. 살아 있다는 것 자체가 진정한 기쁨과 행복의 원천입니다.

우리의 행복을 위한 조건들은 이미 충분히 존재합니다. 지금 이 순간에 온전히 살아있도록 스스로 허락하기만 하면, 우리는 그 조건들과 만날 수 있습니다. 마음챙김은 우리가 밝히는 등불과도 같습니다. 이 등불은 고통 속에서도 이미 많은 행복의 조건들이 우리 곁에 있음을 깨닫게 해줍니다.

**구름은 결코
죽지 않는다**

4월의
해바라기

여름이 되면 플럼 빌리지 주변의 언덕은 수십만 송이의 해바라기로 뒤덮입니다. 그러나 4월에 그곳을 찾으면 언덕은 텅 비어 있습니다. 하지만 농부들은 들판을 걸으며 이미 해바라기를 봅니다. 그들은 땅이 준비되었고, 씨앗이 심어졌으며, 비가 충분히 내렸다는 것을 알고 있습니다. 단 하나의 조건만 빼고 모든 조건이 충족되었으니, 그 부족한 조건은 바로 시간입니다. 시간이 흐르면 여름의 더위가 찾아와 해바라기를 키우고 꽃을 피울 것입니다. 해바라기가 나타나기 위해서는 단 하나가 아닌 여러 조건이 필요합니다. 모든 조건이 동등하게 중요합니다. 해바라기 안에서 우리는 대지와 광물, 농부를 볼 수 있습니다. 또한 시간과 공간도 그 안에 깃들어 있습니다. 필요한 모든 조건이 함께 모이면, 해바라기는 모습을 드러냅니다. 하지만 조건이 충분하지 않다면, 해바라기는 그 모습을 감추고 숨을 것입니다.

사랑하는 이가 떠났다고 누가 말할 수 있을까요? 당신이 궁극적 차원에서 사랑하는 이와 연결될 수 있을 때, 그들이 여전히 당신과 함께 있음을 깨닫습니다. 이는 꽃에도 똑같이 적용됩니다. 꽃은 태어난 척할 수 있지만, 사실 그것은 흙 속에서, 빗속에서, 햇빛 속에서 항상 다른 모습으로 존재해 왔습니다. 나중에 꽃이 죽는 척할 수도 있지만, 그것은 단지 숨바꼭질 놀이를 하고 있을 뿐입니다. 꽃은 우리에게 자신을 드러내기도 하고 다시 숨기도 합니다. 우리가 주의를 기울이면, 언제든 원할 때 그 꽃을 만날 수 있습니다.

우리는 모든 존재가 서로에게 기대어 존재하는 본성을 인식할 필요가 있습니다. 상호존재의 빛 속에서 삶과 죽음은 분리된 것이 아닙니다. 그것들은 서로 깊이 연결되어 있고, 하나 없이는 다른 하나를 가질 수 없습니다. 행복과 고통, 어둠과 빛이 그렇듯이 그것들은 서로 기대어 존재하고, 서로를 포함하고 있습니다.

우리는
떠나간 이들을 위해
살아갑니다

    자연재해가 발생할 때, 전쟁과 학살이 일어나고, 끔찍한 일들이 벌어져 수십만 명이 목숨을 잃을 때, 세상 곳곳의 사람들이 고통받습니다. 그 고통은 세상의 반대편에 있는 사람들에게도 가 닿습니다. 그렇게 많은 사람이 죽을 때, 직접적으로 관련된 사람들뿐만 아니라 우리 모두가 고통을 겪습니다. 우리는 때때로 신에게 어떻게 이런 끔찍한 일이 일어나도록 허락할 수 있는지 질문하고 싶을지도 모릅니다. 아기들, 아이들을

구름은 결코
죽지 않는다

비롯해 많은 무고한 사람들이 그토록 많이 죽어야 했는지 묻습니다. 왜 그들이었고, 우리가 아닌지 질문합니다. 우리는 수많은 질문을 던지지만, 답을 찾지 못합니다. 우리는 그저 고통 속에 머뭅니다.

나도 당신과 함께 고통을 느낍니다. 하지만 나는 수행을 합니다. 앉아서 깊이 바라보는 수행을 하고, 다른 이들이 죽을 때 우리도 또한 죽는다는 것을 봅니다. 왜냐하면 우리는 서로 깊이 연결되어 있기 때문입니다. 사랑하는 사람이 떠날 때, 우리도 어떤 방식으로든 그들과 함께 죽습니다. 그들이 더 이상 살 수 없다는 것을 볼 때, 우리는 그들을 위해 살아가야 합니다. 우리 자녀들과 그들의 자녀들의 미래를 가능하게 하는 방식으로 살아야 합니다. 그들이 떠난 뒤에 우리가 선택한 삶의 방식은 그들의 죽음에 의미를 부여할 수 있습니다. 이것이 상호존재의 통찰입니다. 모든 것은 다른 모든 것 안에 있습니다. 그들은 우리이고, 우리는 그들입니다.

그들이 죽을 때, 우리 안의 한 부분도 죽습니다. 그러나 우리가 계속 살아갈 때, 그들도 우리와 함께 살아갑니다.

   이 통찰을 통해, 우리는 더 이상 고통에 머무르지 않습니다. 우리는 우리 안에서 그들을 이어가는 법을 배우고, 우리와 함께 그들을 미래로 데려가는 법을 알게 됩니다. 또한, 그들을 위해 밝은 미래를 창조하는 법을 배웁니다. 이 통찰과 함께, 우리는 평화를 경험합니다.

**구름은 결코
축지 않는다**

우리는
빛을 주변으로 보냅니다

우리는 마치 촛불과 같습니다. 우리의 빛은 주변으로 퍼지고 모든 방향으로 확산됩니다. 우리의 모든 생각과 말 그리고 행동이 바로 그 빛입니다. 우리가 친절한 말을 할 때, 그 말은 여러 방향으로 퍼져 나가고, 우리 자신도 그 말과 함께 그 여정을 이어갑니다. 마찬가지로, 사랑하는 이의 친절한 생각과 행동 또한 끝없이 퍼져나가 세상에 영향을 미칩니다. 우리는 매 순간 변화하며, 다양한 모습으로 계속 이어지고 있습니다.

우리의 생각과 말, 행동은 우리가 남기는 유산입니다. 우리가 더 이상 이곳에 없다 하더라도, 그것들은 여전히 살아있습니다.

**구름은 결코
죽지 않는다**

아무것도
사라지지 않는다

 혹시 만화경을 들여다본 적이 있나요? 만화경을 통해 보면, 다채로운 색이 어우러져 하나의 아름다운 이미지가 탄생합니다. 작은 움직임 하나만으로도 놀랍고 기적 같은 장면이 나타납니다. 색깔과 모양이 어우러져 경이로운 풍경을 펼쳐 보이지요. 그 숨 막히도록 아름다운 장면을 잠시 바라보다가 만화경을 살짝 돌리면, 또 다른, 똑같이 놀라운 모습이 새롭게 드러납니다. 그런데 이 가운데 하나의 모습이 끝날 때마다 슬퍼해야 할까요? 아름다운 이미지 하나를 잃었다고 아쉬워할 필요는 없습니다. 새로운 이미지를 기쁘게 누릴 수 있기 때문입니다.

현재의 모습 그대로, 우리는 어머니 지구가 빚어낸 아름다운 모습입니다. 이 모습이 끝나면 우리는 또 다른 형태로 나타날 것입니다. 구름으로 존재하는 것도 경이롭지만, 대지에 내리는 비로 존재하는 것 역시 아름답습니다.

사물은 나타나고 사라지며, 또 다른 모습으로 다시금 드러납니다. 이러한 변화는 수천 번, 수만 번 반복됩니다. 깊이 바라보면, 이러한 실재를 깨닫게 됩니다. 우리는 나타나고 사라지지만, 아무것도 잃지 않습니다. 아무것도 태어나지 않으며, 아무것도 죽지 않습니다. 이 모든 것은 마치 숨바꼭질 놀이와 같습니다. 창조는 없고, 다만 현현顯現만 있을 뿐입니다. 죽음은 존재하지 않으며, 오직 끊임없는 변화가 있을 뿐입니다.

구름은 결코
죽지 않는다

당신은
누구도 죽일 수 없습니다

마틴 루터 킹 주니어, 마하트마 간디, 존 F. 케네디, 예수 그리스도까지, 이들은 모두 깊은 고통 속에 있던 사람들에 의해 목숨을 잃었습니다. 그 사람들은 이 위대한 지도자들과 그들이 상징하던 모든 것을 없앨 수 있다고 믿었습니다. 하지만 그들이 알지 못했던 사실은, 그 누구도 이들을 진정으로 죽일 수 없다는 점입니다. 마틴 루터 킹 주니어, 예수, 간디를 죽이는 것은 불가능합니다. 그들은 세상을 떠난 뒤에, 이전보다 더욱 위대하고, 강렬하고 생생하게 살아있습니다.

    당신은 결코 죽을 수 없고, 그 누구를 죽일 수도 없습니다. 마틴 루터 킹 주니어, 예수 그리스도, 간디는 오늘도 우리 안에서 여전히 살아 숨 쉽니다.

물과 파도

우리는 삶의 두 차원, 즉 역사적 차원과 궁극적 차원 모두에 연결될 수 있어야 합니다. 파도는 태어남과 죽음, 올라감과 내려감, 안과 밖이 있는 역사적 차원에서 존재합니다. 반면, 물은 궁극적 차원, 혹은 열반에 속합니다. 궁극적 차원에서는 태어남과 죽음도, 시작과 끝도 존재하지 않습니다. 우리는 대부분 파도와 접촉하며 살아갑니다. 하지만, 물과 연결되는 법을 발견하면, 명상이 제공할 수 있는 가장 고귀한 열매를 얻을 수 있습니다.

파도가 스스로를 돌아보고 자신이 파도일 뿐만 아니라 물이기도 하다는 것을 깨달을 때, 더 이상 죽음을 두려워하지 않게 됩니다. 파도는 자신이 어떻게 생겨나고 솟구치고, 부서지고 사라지는지를 명확히 볼 수 있을 뿐 아니라, 자신을 이루는 본질이 다른 모든 파도 속에도 있다는 것을 깨닫습니다. 파도라는 존재의 근원, 모든 파도의 근원은 바로 물입니다. 이 통찰과 함께 파도는 궁극적 차원과 연결되고, 태어남과 죽음에 대한 모든 두려움에서 자유로워집니다.

파도처럼 수행하세요. 시간을 내어 자신을 깊이 들여다보고, 당신의 참된 본성이 태어남도 죽음도 없는 본성임을 깨닫습니다. 이 통찰과 함께, 자유와 두려움 없는 삶을 향해 나아갈 수 있습니다. 만약 당신 안에 깊은 슬픔이 자리하고 있거나, 사랑하는 이를 잃었다면, 또는 죽음이나 망각, 소멸에 대한 두려움이 있다면, 이

가르침을 받아들여 수행을 시작하세요. 파도로서 살아가는 동시에 당신이 물이라는 사실을 스스로에게 일깨워 줍니다. 물과 연결되어 태어남도 죽음도 없는 가장 깊은 진리를 이해할 때, 우리는 참된 평화에 이를 수 있습니다.

열반을 경험하다

파도는 파도로서의 삶을 살면서 동시에 물로서의 삶도 살 수 있습니다. 파도가 물이 되기 위해 죽을 필요는 없습니다. 파도는 이미 지금 이 순간에도 물이기 때문입니다.

열반은 태어남과 죽음, 존재와 비존재, 오고 감과 같은 모든 개념과 관념이 사라지는 상태를 의미합니다. 하지만 그것이 삶의 소멸을 의미하지는 않습니다. 열반은 삶의 궁극적 차원이며, 서늘함과 평화 그리고 깊은 기쁨이 깃든 상태입니다. 이는 죽은 후에나 도달할 수 있는 것이 아닙니다. 바로 지금 이 순간, 마음챙김으로 숨을 쉬고, 걷고, 차를 마시며 열반을 경험할 수 있습니다. 모든 것과 모든 존재는 이미 열반 안에 머물러 있습니다. 사실, 우리는 시작이 없는 시간부터 이미 '열반에 이른' 상태로 살아왔습니다.

만약 우리가 매일의 삶을 깊이 살아갈 수 있다면, 바로 지금 여기에서 열반을 경험할 수 있습니다.

오고 감도 없고,

이후도 이전도 없네.

나는 당신을 내 가까이에 품네.

그리고 당신을 놓아주어

완전히 자유로워지게 하네.

왜냐하면 나는 당신 안에,

당신은 내 안에 있기 때문이네.

**구름은 결코
축지 않는다**

삶과
연결되다

—

CONNECTING WITH LIFE

대지는 우리를 삶으로 이끌고
우리를 길러주네.
그리고 다시 우리를 데려가네.

자연은 언제나
우리를 위해 존재합니다

우리는 대지의 치유하는 성질로부터 많은 것을 배울 수 있습니다. 대지는 흔들림 없이 굳건하며, 어떠한 도전 속에서도 끈기와 평정심 그리고 인내를 보여 줍니다. 우리 안에도 이러한 성질이 있습니다. 대지는 바로 여기, 우리 안에 있으며 우리를 둘러싸고 있습니다. 대지는 매우 구체적이고 실질적인 방식으로 우리를 지지합니다. 대지는 우리가 태어날 수 있도록 돕고, 공기, 물, 흙, 불이라는 귀중한 선물로 우리의 삶을 지속시킵니다.

고통 속에 있을 때, 대지는 우리를 따뜻하게 품어 주고, 잃어버린 에너지를 회복하여 다시 힘을 얻을 수 있도록 도와줍니다. 대지와의 깊은 연결을 이해할 때, 우리는 삶을 이어갈 충분한 사랑과 힘을 발견하게 됩니다.

우리가 고통을 겪을 때, 사랑과 이해가 필요합니다. 그러나 우리는 종종 다른 누군가가 우리가 바라는 모든 사랑과 자비 그리고 이해를 채워 줄 것이라고 기대합니다. 정작 그 사랑을 스스로가 일구어 낼 수 있다는 사실을 잊어버립니다. 자연은 우리가 이 사랑과 자비를 키울 수 있도록 돕습니다. 자연은 풍요롭고 너그럽습니다. 언제나 우리를 위해 존재하며, 우리가 필요한 모든 것을 아낌없이 내어 줍니다.

민들레가 당신을 위해 미소 짓고 있습니다

캘리포니아에서 열린 어느 안거安居의 마지막 날, 한 친구가 이런 시를 썼습니다.

나는 내 미소를 잃었습니다,
하지만 걱정하지 마세요.
민들레가 그 미소를 머금고 있어요.

당신이 미소를 잃었더라도 민들레가 여전히 당신을

위해 미소 짓고 있다고 느낄 수 있다면, 여전히 희망이 있습니다. 당신은 어딘가에 여전히 당신의 미소가 존재한다는 것을 알아차릴 수 있는 충분한 마음챙김을 갖고 있습니다. 민들레는 당신의 벗들로 이루어진 공동체의 한 부분입니다. 그것은 고요하고 충실하게 머물며, 당신이 다시 미소를 지을 수 있을 때까지 당신의 미소를 간직하고 있습니다.

사실, 당신을 둘러싼 모든 것이 당신의 미소를 머금고 있습니다. 당신은 외롭거나 고립되어 있다고 느끼지 않아도 됩니다. 당신을 둘러싼, 당신 안에 존재하는 모든 지지에 그저 마음을 열기만 하면 됩니다.

사랑하는 이에게서 선함을 보다

마음챙김의 삶을 수행할 때, 우리는 우리 안과 서로 안에 있는 긍정적인 요소에 물을 주어 키웁니다. 사랑하는 이도 우리와 마찬가지로 꽃과 쓰레기를 모두 가지고 있다는 것을 깨닫고, 이를 있는 그대로 받아들입니다. 우리의 수행은 그들 안에 있는 꽃에 물을 주며, 쓰레기를 더하지 않는 것입니다.

꽃을 키우려는 우리의 노력이 때로 기대만큼 결실을 맺지 못하더라도, 이를 탓하거나 논쟁하지 않습니다.

사랑하는 이에 대한 우리의 기억은 한 송이 꽃과 같습니다. 우리가 그 꽃을 정성껏 돌본다면, 그것은 아름답게 피어날 것입니다. 하지만 제대로 보살피지 않는다면, 그 꽃은 시들 것입니다. 꽃이 잘 자라도록 돕기 위해, 우리는 그 꽃의 본성을 이해해야 합니다.

| 자기돌봄 |

사랑하는
이를 위해
제단을 만들다

   사랑하는 이를 잃었을 때, 우리는 그들에게 깊은 사랑과 감사를 표현하고 싶어집니다. 무언가를 바치고 싶고, 그들의 기억을 오래도록 간직하고 싶습니다.

   집 안에 사랑하는 이를 위한 공간이나 작은 제단을 마련하는 것은 우리의 사랑과 관심을 표현하고, 그들과 여전히 연결되어 있음을 느낄 수 있는 구체적인 방법입니다. 작은 테이블 위에 사랑하는 이의 사진, 초, 꽃, 의미 있는 물건들을 놓아 봅니다. 우리가 따르는 종

삶과
연결되다

교의 전통적인 물건을 포함하거나, 자연에서 발견한 돌, 나뭇잎, 조개껍데기, 꽃 같은 소박한 것들을 함께 놓아도 좋습니다. 또한, 사랑하는 이에게 특별한 의미가 있던 물건을 올려놓는 것도 좋습니다.

그들과의 연결을 느끼고 소통을 이어가기 위해, 편지를 쓸 수도 있습니다. 짧은 메모, 사랑의 편지, 감사의 글, 또는 사과의 마음을 담은 말을 써서 제단에 올려 둘 수 있습니다. 어떤 사람들은 초를 켜거나, 향을 피우거나, 꽃을 바치며 사랑하는 이를 기립니다. 때로는 그들이 좋아했던 음식을 올려놓기도 합니다. 특별한 날, 예를 들어 애도 초기 기간, 사랑하는 이의 생일, 또는 기일 같은 때에는 그들이 좋아했던 요리나 간식을 준비해 제단에 올릴 수 있습니다. 의식이 끝난 후에는 모두 함께 그 음식을 나누며 친밀함과 기쁨을 느낄 수 있습니다.

제단에 물건을 올려놓는 것은 숭배를 의미하지 않습니다. 집 안에 제단을 마련하고 가꾸는 것은 사랑하는 이, 조상님들, 우리를 둘러싼 세계에 대한 사랑과 감사를 표현하는 방법입니다. 이는 우리가 사랑하고 존경하며 돌보는 모든 것이 결국 우리 안에도 존재한다는 사실을 되새기게 합니다.

제단은 신선하고 아름답게 유지되어야 합니다. 매일 마음챙김과 사랑 그리고 집중을 담아 제단을 청소하고 가꾸는 것은 사랑하는 이와의 연결을 지속하는 데 도움을 줍니다. 우리는 제단 앞에서 그들에게 말을 건넬 수 있습니다. 우리가 경험하는 모든 것을 그들에게 이야기할 수 있습니다. 또한, 사랑하는 이와 조상님들께 동시에 모든 새로운 소식을 전해 줄 수도 있습니다. 사랑하는 이가 생전에 이루지 못했거나 치유하지 못한 일이 있다면, 우리가 그것을 대신 이루려고 최선을 다하고 있다고 말할 수 있습니다. 이러한 행위는 사랑하는 이와 우리가 속해 있는 생명의 흐름과 깊고 지속적인 연결을 만들어 나가는 길입니다.

당신의 고통은
영원하지 않습니다

우리는 자비, 기쁨, 사랑, 두려움, 슬픔, 절망과 같은 온갖 마음의 상태들이 유기적인 본성을 가지고 있음을 압니다. 우리 안에 있는 이러한 감정의 씨앗에 물을 주면, 그것은 정신적으로 형성된 것으로 의식의 표면에 나타납니다. 하지만 힘든 감정이나 불편한 감정을 두려워할 필요는 없습니다. 마음챙김으로 그 감정을 품을 때, 그것은 언제나 변화할 수 있기 때문입니다. 슬픔이 우리 안에서 올라올 때, 우리는 숨을 고르며 스스로에게 이렇게 말합니다.

숨을 들이쉬며, 내 안에 슬픔이 있음을 알아차리네.
숨을 내쉬며, 이 슬픔을 품고
그것이 차분히 가라앉게 하네.

우리는 모든 것이 무상하다는 것을 압니다. 우리의 느낌과 감정 또한 예외가 아닙니다. 그것들은 올라오고, 잠시 머물다가 다시 사라집니다. 힘든 감정이 떠오를 때, 우리는 그저 그것을 알아차리고 이름을 붙입니다. 그러면 감정은 점차 가라앉으며 스스로 변화하기 시작합니다. 이것이 바로 인식의 힘입니다. 우리는 생각과 감정이 올라올 때 단순히 그것을 인식할 뿐입니다.

정신적으로 형성된 것이 가진 유기적인 본성을 깊이 이해하면, 우리는 훨씬 더 고요하고 안정적이며 평화로워집니다. 우리는 이 또한 지나갈 것임을 압니다. 우리의 고통은 결국 잦아들 것입니다.

    우리는 단지 미소를 짓고 마음챙김의 숨을 쉬는 것만으로도 고통을 변화시키기 시작합니다.

우리는
혼자 걷지 않습니다

우리가 걸을 때, 우리는 결코 혼자 걷지 않습니다. 우리의 부모님과 조상들은 언제나 우리와 함께 걷고 있습니다. 그들은 우리 몸의 모든 세포 속에 살아 있습니다. 평화와 치유, 행복을 가져오는 우리의 한 걸음 한 걸음은 우리 자신뿐만 아니라 부모님과 조상들에게도 평화와 치유 그리고 행복을 선사합니다. 우리는 과거를 변화시킬 힘을 가지고 있습니다. 모든 마음챙김의 걸음은 우리 안의 모든 조상—영적인 조상들, 동물, 식물, 광물의 조상들—까지 변화시킬 수 있는 놀라운 힘을 지니고 있습니다. 우리는 우리 자신만을 위해 걷는 것이 아닙니다. 우리가 걷는 매 순간, 우리는 우리 가족, 사랑하는 사람들, 온 세상을 위해 걷고 있는 것입니다.

**삶과
연결되다**

> 자기돌봄

사랑하는 이와
함께 걷다

걷기 명상을 수행할 때, 당신과 함께 걷도록 사랑하는 이를 초대할 수 있습니다. 걸으며 그들의 손을 잡고 있다고 상상합니다. 그들이 당신 안에서, 당신 곁에서 살아 숨 쉬는 것을 느낍니다. 당신이 마음챙김 속에서 평화롭고 고요하게 걸을 때, 사랑하는 이도 당신 곁에서 마음챙김과 함께 평화롭고 고요하게 걷습니다. 아름다운 풍경을 감상하거나, 지는 해를 바라보거나, 새들의 노래를 들으려고 잠시 멈출 때, 그 순간을 사랑하는 이와 함께 나눌 수 있습니다. 당신은 그들의 눈으로 세상을 바라볼 수 있습니다.

그들에게 이렇게 물어볼 수도 있습니다. "사랑하는 이여, 이 아름다운 노을이 보이나요? 이 아름다운 나무들이 보이세요?"

모든 것을 그들과 함께 누립니다. 현재의 순간에 온전한 마음챙김으로 머물며, 사랑하는 이와 모든 조상들에게 깊이 연결될 때, 그 순간의 평화와 기쁨, 아름다움이 모두를 이롭게 하고 풍요롭게 만듭니다. 이것이 바로 우리가 스스로를 치유하고, 사랑하는 이를 치유하며 그들을 우리 안에 살아 있게 하는 방법입니다.

어머니의 존재

어머니가 돌아가신 지 4년이 지나, 꿈에서 어머니를 보았습니다. 어머니는 젊고 생생하며, 기쁨으로 가득 차 있었습니다. 길고 검은 머리칼이 흘러내리는 아름다운 모습이었습니다. 한밤중에 일어난 나는 달빛이 비치는 정원으로 나갔습니다. 그리고 절 뒤쪽 언덕길을 걸으며 어머니의 현존을 깊이 느꼈습니다. 땅에 발이 닿을 때마다 어머니가 곁에 계신 듯한 느낌이 들었습니다. 그 순간, 제 몸이 단지 저만의 것이 아니라는 것을 깨달았습니다. 제 몸은 어머니, 아버지, 조부모님, 조상님들로부터 이어져 온 긴 흐름의 일부였습니다. 그때 저는 어머니가 결코 돌아가시지 않았다는 것을 알게 되었습니다. 우리는 함께 촉촉한 흙 위에 발자국을 남기고 있었습니다.

모래 위의 발자국

사람 없는 해변,

모래 위의 발자국이 비에 지워지네.

이 고통은 어디에서도 오지 않았고

그 발은 아직 땅에 닿지 않았네.

문득 멀리서 들려오는

봄바람의 속삭임,

이윽고 고통은 사라졌네.

절망으로부터의 자유

마음챙김을 수행할 때, 우리는 자유를 만납니다. 자책과 후회로부터의 자유, 고통과 두려움으로부터의 벗어나 자유를 경험합니다. 자유는 행복의 토대입니다. 자유 없이는 진정한 행복도 있을 수 없습니다. 내딛는 모든 걸음, 들이쉬는 모든 숨, 앉거나 걷는 명상의 매 순간, 마음챙김과 함께하는 모든 행동은 우리에게 더 많은 평화와 기쁨, 안정과 자유를 가져다줍니다.

삶과
연결되다

자살 생각의
고통을 치유하기

세상에는 자신에게 닥친 엄청난 고통을 어떻게 다뤄야 할지 모르는 청소년과 성인들이 있습니다. 그들 가운데 일부는 삶을 끝내는 것이 고통으로부터 위안을 얻는 유일한 길이라고 생각할 수도 있습니다. 매일 전 세계에서 수많은 사람들이 강렬한 감정을 다룰 방법을 알지 못해 스스로 생을 마감합니다.

우리는 먼저 스스로 고통을 다루는 법, 힘든 감정을 승화시키는 법을 익혀야 합니다. 그래야만 다른 사람들에게도 그것을 가르쳐 줄 수 있습니다. 우리는 마음챙김 수행을 교실, 직장, 가정으로 가져와야 합니다. 멈추어 깊이 바라보고 힘든 감정을 보듬는 마음챙김 수행은 매우 중요합니다. 그것은 생명을 살릴 수 있습니다.

사랑하는 이는
그를 아는 모든 사람 속에서
계속 살아갑니다

우리는 곧 우리 아이들이고, 우리의 아이들은 곧 우리 자신입니다. 만약 당신에게 아이가 있다면, 당신은 이미 그 아이들 속에서 새롭게 태어난 것입니다. 당신은 아이들을 통해 자신에게서 이어진 몸을 쉽게 볼 수 있습니다. 그 밖에도 당신에게는 계속 이어지는 수많은 몸들이 존재합니다.

사랑하는 이가 품었던 모든 생각과 했던 모든 말, 행한 모든 것은 이미 그들을 아는 사람들 속에서 계속 이어지고 있습니다. 그들이 만난 모든 사람은 그들로부터 이어진 몸이 되어 삶을 이어갑니다. 당신은 그들의 말, 생각, 행동이 얼마나 많은 사람들에게 영향을 미쳤는지 헤아릴 수 없습니다.

삶과
연결되다

우리의
진정한 유산

우리의 몸과 말 그리고 마음으로 빚어낸 모든 행동은 진정한 유산입니다. 이 통찰은 우리를 두려움에서 벗어나게 합니다. 버림받는 것, 병드는 것 그리고 죽음에 대한 두려움에서 자유로워지게 합니다. 우리는 언젠가 죽음을 맞이하고, 사랑하는 모든 것을 내려놓아야 한다는 사실을 잊으려고 애쓰지만, 이 현실을 외면할 수는 없습니다. 두려움의 씨앗을 알아차리고, 매일 무상의 진리를 자각하며 살아야 합니다.

우리는 진실과 마주하며, 내면에 자리한 두려움의 씨앗을 불러내어 그것을 직면합니다. 마음챙김과 함께 두려움을 보듬으며, 죽음 이후에도 남는 것은 우리의 몸과 말, 마음으로 지은 행동의 결과뿐임을 깨닫습니다. 그것이야말로 우리의 진정한 유산입니다.

불교 전통에서는 무상을 일깨우기 위해 매일 성찰하는 다섯 가지 기억이 있습니다.

다섯 가지
기억

나는 늙을 수밖에 없는 존재이다.

늙음을 피할 길은 없다.

나는 병들 수밖에 없는 존재이다.

병듦을 피할 길은 없다.

나는 죽을 수밖에 없는 존재이다.

죽음을 피할 길은 없다.

내게 소중한 모든 것과 내가 사랑하는

모든 사람은 변할 수밖에 없는 존재이다.

그들과의 이별을 피할 길은 없다.

나는 몸, 말, 마음으로 지은 행동의 결과를 물려받는다. 나의 행동 속에서 나는 계속된다.

(자기돌봄) ## 사랑하는 이를 기리다

　힘이 필요한 순간, 우리는 다른 이들의 힘을 빌릴 수 있습니다. 내 가족과 친구들에게 도움을 청하는 것뿐 아니라, 조상들, 영적 스승들, 위대한 존재들에게도 이 어려운 시간을 함께해 달라고 요청할 수 있습니다.

　사랑하는 이가 세상을 떠날 때까지 기다릴 필요는 없습니다. 심각한 병에 대한 소식을 들은 그 순간부터, 명상을 통해 사랑, 감사, 평화의 에너지를 그 사람에게 보낼 수 있습니다. 이 에너지는 치유와 변화를 가져올 수 있습니다.

가까운 친구나 가족, 명상 수행의 벗들과 함께 수행할 때, 강력한 공동체의 마음챙김 에너지를 만들어 낼 수 있습니다. 이러한 에너지는 시간과 공간을 초월하여, 걱정하는 우리뿐 아니라 아프거나 죽음을 앞둔 이에게도 더 큰 평화를 가져다줄 수 있습니다.

불교 전통에서는 사랑하는 이가 세상을 떠난 직후 추모 의식을 열고, 이후 7일, 49일, 100일 그리고 매년 기일에 의식을 이어갑니다. 처음에는 깊은 슬픔이 밀려올 수 있지만, 추모 의식이 반드시 슬픔에 머물러야만 하는 것은 아닙니다. 이 의식은 사랑하는 이와 다시 연결되고, 그들의 삶을 축하하며, 그들에게 깊은 감사와 사랑을 전하는 기회가 됩니다. 또한, 그들의 변화와 연속의 여정에 지지를 보낼 수 있습니다.

※ ※ ※

 사랑하는 이가 세상을 떠난 후, 집에서 작은 추모 의식을 열고 가족과 친구들을 초대해 강력한 공동체의 에너지를 만들어 낼 수 있습니다. 이러한 의식은 가능한 한 빨리 진행하는 것이 좋습니다. 이를 통해 기도를 드리고, 평화로운 전환을 위해 사랑과 기원의 마음을 담아 보낼 수 있습니다.

 추모 의식은 다양한 형태로 이루어질 수 있으며, 형식적이든 비형식적이든 자유롭게 꾸릴 수 있습니다. 시작하기 전에 사랑하는 이가 생전에 좋아했던 음식이나 음료를 준비해 제단 위에 올려놓을 수 있습니다. 또한, 그들의 이름, 생일 그리고 기일을 적은 카드를 사진 옆에 놓는 것도 좋습니다.

촛불을 켜고 향을 사르며, 몸과 마음을 고요히 하고 안정을 느낄 수 있도록 짧은 앉기 명상으로 의식을 시작할 수 있습니다. 그 후에는 독송, 노래, 낭독, 시, 또는 음악을 활용해 이어 가면 됩니다.

의식 중에는 사랑하는 이와 함께했던 특별한 순간들을 떠올리고, 그에 대한 감사와 존경을 표현하며, 다른 사람들도 마음을 나누도록 초대할 수 있습니다. 사랑하는 이가 다른 사람들의 삶에 끼친 다양한 영향에 대해 듣는 것은 큰 기쁨을 선사합니다.

다음의 성찰은 돌아가신 분을 위한 모든 의식에서 널리 활용됩니다. 이 성찰은 우리가 단지 이 몸만이 아님을 일깨워 주고, 사랑하는 이가 구름처럼 다양한 모습으로 존재하며 결코 죽지 않는다는 사실을 상기시켜 줍니다.

오고 감이
없음에 대한 성찰

이 몸은 내가 아닙니다.

나는 이 몸에 한정되지 않습니다.

나는 경계가 없는 생명입니다.

나는 태어난 적도 없고,

죽은 적도 없습니다.

바다와 별들로 가득 찬 하늘을 보세요.

그것들은 나의 경이로운 참된 마음의 현현입니다.

시간이 시작되기 전부터 나는 자유로웠습니다.

태어남과 죽음은 단지 우리가 지나가는 문이고,

우리 여정의 성스러운 문턱일 뿐입니다.

태어남과 죽음은 숨바꼭질 놀이입니다.

그러니 나와 함께 웃어요,

내 손을 잡고,

작별 인사를 나누어요,

곧 다시 만나기 위해, 작별 인사를 나누어요.

우리는 오늘 만납니다.

우리는 내일 다시 만날 것입니다.

우리는 모든 순간 근원에서 만날 것입니다.

우리는 온갖 생명의 모습 속에서 서로 만납니다.

우리는
불꽃놀이와 같습니다

 밤하늘에 터지는 불꽃놀이는 모든 방향으로 꽃처럼 퍼져 나갑니다. 당신도 불꽃놀이와 같습니다. 당신은 단순히 직선적으로만 이어지는 존재가 아닙니다. 당신은 모든 방향으로 퍼져 나가 아이들, 친구들, 사회 그리고 온 세상에 스며듭니다.

 내가 가르침을 나눌 때, 그 가르침은 현실에 대한 이해와 경험에서 우러난 통찰을 담고 있습니다. 나 또한 직선적인 방향으로만 나아가지 않습니다. 나는 당신

속으로 스며들어, 당신 안에서 그리고 이 가르침을 접하는 모든 사람 안에서 새로운 모습으로 다시 태어납니다.

  우리는 새로운 삶의 여정을 계속하기 위해 몸이 소멸될 때까지 기다리지 않아도 됩니다. 바로 지금 이 순간에도 우리는 다양한 장소와 모습 속에서 새롭게 태어나고 있습니다.

나는
여기에 없습니다

베트남에 있는 제자 중 한 명이 내가 죽으면 나의 재를 담은 탑을 세우고 싶다고 했습니다. 그는 다른 이들과 함께 탑에 "여기 사랑하는 스승이 계십니다"라는 문구를 새긴 명패를 넣고 싶어 했습니다. 나는 절의 땅을 헛되이 낭비하지 말라고 이야기했습니다. "나를 작은 항아리에 가두지 말아 주세요!"라고 말했습니다. "나는 그런 방식으로 지속되고 싶지 않아요. 대신 재를 바깥에 뿌려 나무가 자라도록 돕는 것이 더 나아요."

그럼에도 불구하고 꼭 탑을 세우고 싶다면, 명패에 "나는 이 안에 없습니다"라고 적으라고 제안했습니다. 하지만 사람들이 그 의미를 이해하지 못할까 봐, 두 번째 명패에 "나는 저기 바깥에도 없습니다"라고 덧붙이라고 했습니다. 그래도 여전히 이해하지 못한다면, 세 번째이자 마지막 명패에 이렇게 쓰라고 했습니다. "당신의 숨결과 걸음 속에서 나를 찾을 수 있습니다."

이 몸은 언젠가 사라지겠지만, 나의 행동은 나를 이어갈 것입니다. 나는 매일 나를 둘러싼 모든 것에서 나와 이어진 존재를 발견하려고 노력합니다. 우리가 지속되기 위해 이 몸이 완전히 소멸될 때까지 기다리지 않아도 됩니다. 우리는 매 순간 계속됩니다. 만약 당신이 내가 오직 이 몸일 뿐이라고 생각한다면, 나를 진정으로 보지 못한 것입니다.

나의 벗들을 볼 때, 당신은 나와 이어진 존재를 발견할 수 있습니다. 마음챙김과 자비로 걸어가는 사람들을 볼 때, 그들이 바로 나와 이어진 존재 나의 '연속 continuation'임을 압니다. 사람들은 왜 자신이 죽을 것이라고 말하는지 나는 이해할 수 없습니다. 왜냐하면 나는 이미 당신 안에서, 다른 사람들 안에서 그리고 미래 세대 속에서 나 자신을 보고 있기 때문입니다. 나는 결코 죽지 않을 것입니다. 마음챙김으로 걸어가는 제자를 볼 때마다, 나는 나와 이어진 존재를 봅니다. 이 몸은 언젠가 소멸되겠지만, 그것이 나의 죽음을 의미하지는 않습니다. 나는 언제나 이어질 것입니다.

(자기돌봄) 감사하는
마음을 가꾸다

마음챙김 수행이 슬픔을 내려놓는 데 도움을 줄 수 있듯이, 이미 우리에게 있는 행복의 조건들을 알아차리는 것은 더 균형 잡힌 시각을 갖고 고통을 더는 데 도움이 됩니다. 더 가까이 들여다보면, 우리에게는 고통과 슬픔뿐 아니라 이미 존재하는 수많은 행복의 조건도 함께 있음을 발견할 수 있습니다. 또한, 우리의 일상에는 음미하고 더할 수 있는 작은 행복의 순간들이 무수히 존재합니다. 우리가 그 순간들을 인식하고 감사

삶과
연결되다

할 수 있을까요? 차 한 잔을 마실 때, 자연 속을 산책할 때, 혹은 고요히 앉아 깊이 바라볼 때, 그러한 순간 속에서 우리는 행복을 일굴 수 있습니다. 삶이 선사하는 작은 기쁨들을 알아차리는 것은 그 기쁨을 더 깊게 하고, 우리 마음을 행복하게 합니다. 그리고 정서적인 위안을 가져옵니다.

종이 한 장을 꺼내 지금 이 순간 당신에게 주어진 행복의 조건들이 무엇인지 모두 적어 봅니다. 우리 몸과 건강처럼 작고 평범한 것들부터 시작해도 좋습니다. 예를 들어, "내 심장은 여전히 뛰며 내가 살아가게 해준다. 비록 내 심장이 아프거나 예전만큼 좋지는 않을지라도" 우리는 이런 것들을 종종 당연하게 여기지만, 잠시 멈춰 여전히 건강하고 잘 작동하는 것들에 집중하면 감사와 행복이 일어나고 마음이 기뻐집니다.

그다음에는, 고통이나 후회에 머무르기보다, 사랑하는 이와 나눴던 사랑, 소중한 시간들 그리고 함께했던 아름다운 기억들에 집중할 수 있습니다.

한 장의 종이로는 충분하지 않다는 것에 놀랄지도 모릅니다. 어쩌면 두 장도 부족할 수 있습니다. 심지어 석 장이나 넉 장으로도 모자랄지 모릅니다. 우리가 이미 가지고 있는 행복의 조건들을 알아차리기 시작하면, 감사를 알아차리기가 훨씬 쉬워집니다. 감사는 행복의 토대입니다. 가슴 속에 감사가 자리 잡으면, 우리는 자연스럽게 행복에 이르고 고통에서 벗어나는 위안을 찾을 수 있습니다.

이것을 매일의 수행으로 삼을 수 있습니다. 매일 밤 잠자리에 들기 전, 감사한 세 가지와 행복했던 순간을 하나 적어 봅니다. 그렇게 하면 하루하루 감사와 행복이 조금씩 더 자라날 것입니다.

슬픔과 자비
: 고통의 예술

　우리는 고통으로부터 많은 것을 배울 수 있습니다. 심지어 고통의 예술에 대해서도 이야기할 수도 있습니다. 고통을 다루는 방법을 알게 되면, 고통의 무게는 훨씬 가벼워집니다. 고통을 이해하면 우리 자신뿐 아니라 타인에게도 자비가 일어납니다. 그리고 우리는 자비가 기쁨과 행복을 가능하게 하는 필수적인 요소임을 잘 알고 있습니다. 고통을 잘 활용하면 평화와 행복을 키우는 법을 배울 수 있습니다.

많은 이들이 죽음 이후에 어떤 일이 일어날지 궁금해합니다. 어떤 사람들은 몸이 소멸한 뒤 하늘로 올라가거나 구름 위로 떠오른다고 생각합니다. 또 다른 이들은 죽음 이후 먼 낙원으로 간다고 믿으며, 그곳은 경이롭고 고통이 없는 곳이라고 상상합니다.

하지만 만약 천국이 고통이 전혀 없는 곳이라면, 나는 내 제자들이 그곳에 가기를 바라지 않을 것입니다. 나 역시 고통이 없는 세상에 있고 싶지 않습니다. 고통이 없다면 자비와 이해도 존재하지 않을 것이기 때문입니다. 배고픔의 고통을 겪어보지 않았다면, 먹을 것이 있다는 것의 소중함을 깨닫지 못할 것입니다. 전쟁을 경험하지 않았다면, 평화의 가치를 알 수 없을 것입니다.

우리는 고통의 긍정적인 측면을 이해할 필요가 있습니다. 고통은 장미를 키우는 거름과 같습니다. 그것은 장엄한 연꽃을 피워내는 진흙입니다.

삶과
연결되다

다시 삶으로
돌아오다

　우리 안에는 마음챙김이라는 등불이 있습니다. 우리는 언제든 그 등불을 밝힐 수 있습니다. 이 등불의 기름은 우리의 숨결, 걸음 그리고 평화로운 미소입니다. 우리는 마음챙김의 등불을 밝혀, 그 빛이 사방으로 퍼지고 어둠을 물리치게 해야 합니다. 그리고 그 등불이 계속 밝게 빛날 수 있도록 해야 합니다.

　우리가 무엇을 하든, 마음을 몸과 현재의 순간으로 되돌리며 마음챙김과 함께 할 수 있습니다. 현재의 순간은 우리의 진정한 안식처이자 집입니다. 그곳에서 우리는 온전히 살아갈 수 있습니다. 과거는 이미 지나갔고, 미래는 아직 오지 않았습니다. 현재의 순간은 우리가 살아갈 수 있는 유일한 순간입니다. 이 순간을 온전히 누리며, 삶을 놓치지 않기 위해 최선을 다합니다.

삶과
연결되다

(자기돌봄) 아침의 미소

아침에 눈을 뜨면 우리는 미소 짓는 수행을 합니다. 그때의 기분이 어떻든 간에 미소를 지을 수 있다는 것은 그 자체로 깊은 수행입니다. 미소는 이렇게 말합니다. "나의 고통이 세상의 끝은 아니다." 모든 것은 무상하며, 고통 또한 그렇습니다. 이것 또한 지나갈 것입니다. 신경과학에 따르면, 미소는 뇌에 걱정할 것 없다는 분명한 메시지를 보내어 우리의 기분을 더 나아지게 합니다. 이러한 자각 속에서 우리는 새로운 하루를 환

영할 수 있습니다.

지금은 미소 짓기가 가장 어려운 일처럼 느껴질 수 있습니다. 하지만 아침에 눈을 뜨며 살아갈 새로운 스물네 시간의 선물이 있다는 사실을 잊지 말길 바랍니다. 우리는 여전히 살아 있으며, 주어진 시간을 유익하게 쓰길 바랍니다. 이 시간을 낭비하고 싶지 않습니다. 우리는 이 스물네 시간을 온전히 살아내며, 고통과 아픔 속에서도 평화와 기쁨 그리고 경이로움을 만날 수 있습니다. 하루를 보내며 우리는 이해와 자비의 에너지를 일으킬 수 있습니다. 이 에너지는 우리를 치유하며, 우리가 만나는 모든 이에게도 치유의 가능성을 열어 줍니다.

매일 아침 침대에서 일어나기 전에 다음의 짧은 시를 외우면 하루를 더 가볍게, 좋은 에너지와 함께 시작할 수 있습니다. 이 문구를 적어 아침에 가장 먼저 보이는 곳에 두는 것도 좋습니다.

이 아침에 눈을 뜨며 나는 미소 짓네.

스물네 시간의 새로운 시간이 내 앞에 있네.

나는 매 순간을 온전히 살고,

모든 존재를 자비의 눈으로 바라볼 것을 서원하네.

고통의 바다는 광대합니다.
하지만 뒤돌아보면 땅을 볼 수 있습니다.

내가 오늘 아침 밟는 이 땅은
역사를 초월하네.
봄과 겨울이 모두 그 순간에 존재하네.
어린잎과 죽은 잎은 참으로 하나라네.
나의 발은 죽음 없음을 딛고 있고,
나의 발은 곧 당신의 발이네.
지금 나와 함께 걸어 주오.
일체의 차원으로 들어가
겨울 속에 꽃피는 벚나무를 함께 보리라.
우리는 왜 죽음에 대해 말해야 하는가?
나는 당신과 다시 함께하기 위해
죽지 않아도 된다네.

옮긴이의 말

언제나 그러하듯, 틱낫한 스님의 부드럽고 깊은 지혜는

우리가 걸어가는 삶의 길을 비추는 따뜻한 등불이 됩니다.

이 아름다운 가르침 속에서 스님은

상실과 슬픔, 고통의 순간을

두려움 없이 바라보고 껴안을 수 있도록,

우리 안에 깃든 용기와 자각을 부드럽게 일깨웁니다.

늘 하나의 강물이 그러하듯,

공동체 가운데서 평화롭게 걸으셨던 스님은

자비로운 발걸음으로 우리 곁에서 함께 걸으시며,

통찰의 빛으로 마음의 길을 밝힙니다.

스님은 우리가 저마다 다른 모습의 파도로

이 세상을 살아가지만,

그 파도가 본래 물이며 바다와 둘이 아님을 일러 줍니다.

파도가 자신의 참된 본성을 볼 수 있다면,

사라짐에 대한 두려움과 불안은

더 이상 그 파도를 사로잡지 않습니다.

파도가 바다에서 생겨나 다시 그 바다로 돌아가듯,

우리 또한 언제나 그 바다의 흐름 속에 존재하며,

본래부터 온전한 존재임을 자연스럽게 깨닫게 됩니다.

그리운 스승 틱낫한 스님께서는 떠나셨지만,

우리의 걸음 속에 그리고 숨결 속에 여전히 함께 계십니다.

『마음은 사라지지 않는다』는,

죽음이 끝이 아니라 또 다른 모습으로 이어지는

삶의 일부임을 또렷이 보게 해 줍니다.

존재는 사라지는 것이 아니며,

구름이 비가 되어 내리고 다시 강물이 되어 흐르듯,

경이롭고 아름답게, 이 우주와 삶의 춤이 되어 펼쳐집니다.

                                    2025년 4월 권선아 두 손 모음

참고 도서

Chan Khong, Sister. *Beginning Anew: Four Steps to Restoring Communication.* Berkeley, CA: Parallax Press, 2014.

Nhat Hanh, Thich. *The Art of Living: Peace and Freedom in the Here and Now.* New York: HarperCollins, 2017.

The Blooming of a Lotus: Revised Edition of the Classic Guided Meditation for Achieving the Miracle of Mindfulness. Boston: Beacon Press, 2009.

—— *Call Me by My True Names: The Collected Poems of Thich Nhat Hanh.* Berkeley, CA: Parallax Press, 1999.

—— *Chanting from the Heart: Buddhist Ceremonies and Daily Practices.* Berkeley, CA: Parallax Press, 2002.

—— *Happiness: Essential Mindfulness Practices.* Berkeley, CA: Parallax Press, 2005.

—— *Love Letter to the Earth.* Berkeley, CA: Parallax Press, 2012.

—— *Making Space: Creating a Home Meditation Practice.* Berkeley, CA: Parallax Press, 2011.
—— *The Miracle of Mindfulness.* Boston: Beacon Press, 1996.
—— *Peace of Mind: Becoming Fully Present.* Berkeley, CA: Parallax Press, 2013.
—— *Reconciliation: Healing the Inner Child.* Berkeley, CA: Parallax Press, 2006.
—— *Touching the Earth: 46 Guided Meditations for Mindfulness Practice.* Berkeley, CA: Parallax Press, 2003.
—— *Your True Home: The Everyday Wisdom of Thich Nhat Hanh.* Boulder, CO: Shambhala, 2011.

온라인 참고 자료

일상의 삶에 마음챙김의 기본 수행을 적용하는 방법과 안거에 대한 안내는 plumvillage.org를 방문해 보세요.
영감을 주는 법문, 안내 명상, 깊은 이완, 대지에 접촉하기 위한 성찰, 마음챙김의 종소리 다운로드와 같은 자료는 plumvillage.app에서 만나실 수 있습니다.

틱낫한 스님에 대하여

틱낫한 스님은 오늘날 세계에서 가장 존경받고 영향력 있는 영적 스승 가운데 한 분입니다. 1926년 베트남에서 태어나 16세에 선불교 승려가 되었습니다. 70년이 넘는 가르침의 여정에서 100권이 넘는 저서를 출간했으며, 이 책들은 미국에서만 400만 부 이상 팔렸습니다. 1966년 평화를 위해 헌신하다가 베트남으로 돌아가지 못하게 되었지만, 불교를 사회와 정치의 변화를 위한 길로 제시하며, 마음챙김 운동을 서구 문화에 소개하는 데 크게 이바지했습니다. 그는 프랑스에 플럼 빌리지 참여 불교 국제 공동체를 설립했으며, 이는 현재 유럽 최대의 불교 사원이자 전 세계적으로 성장하는 수행 센터의 중심지가 되었습니다. 스님은 베트남 중부 후에의 뚜 히에우 사원에서 2022년 1월 22일 열반에 드셨습니다.

패럴랙스 프레스Parallax Press는 틱낫한 선사가 설립한 비영리 출판사로, 마음챙김의 삶의 예술과 참여 불교에 관한 책과 미디어를 소개합니다. 우리는 고통과 불의를 변화시키는 가르침을 제공하는 데 헌신하고 있습니다. 우리의 서원은 공동체의 지혜와 깨달음을 꽃피우며, 더 기쁘고, 건강하며, 자비로운 사회를 만드는 데 기여하는 것입니다.

전체 도서 목록은 parallax.org에서 확인하실 수 있습니다.

마음챙김의 종 The Mindfulness Bell은 틱낫한 전통에 바탕을 둔 마음챙김의 삶의 예술을 나누는 저널로, 저희 공동체에서 1년에 세 번 펴냅니다. 정기구독을 원하거나 전 세계 공동체의 주소록(지역의 마음챙김 그룹)을 확인하시려면 mindfulnessbell.org를 방문해 주세요.

마음은 사라지지 않는다

1판 1쇄 인쇄 2025년 4월 16일
1판 1쇄 발행 2025년 5월 1일

지은이 틱낫한
옮긴이 권선아

발행인 양원석 **편집장** 김건희 **책임편집** 이수민
디자인 최승원, 김미선 **영업마케팅** 조아라, 박소정, 이서우, 김유진, 원하경

펴낸 곳 ㈜알에이치코리아
주소 서울시 금천구 가산디지털2로 53, 20층 (가산동, 한라시그마밸리)
편집문의 02-6443-8902   **도서문의** 02-6443-8800
홈페이지 http://rhk.co.kr
등록 2004년 1월 15일 제2-3726호

ISBN 978-89-255-7372-4 (03220)

※ 이 책은 ㈜알에이치코리아가 저작권자와의 계약에 따라 발행한 것이므로
   본사의 서면 허락 없이는 어떠한 형태나 수단으로도 이 책의 내용을 이용하지 못합니다.
※ 잘못된 책은 구입하신 서점에서 바꾸어 드립니다.
※ 책값은 뒤표지에 있습니다.